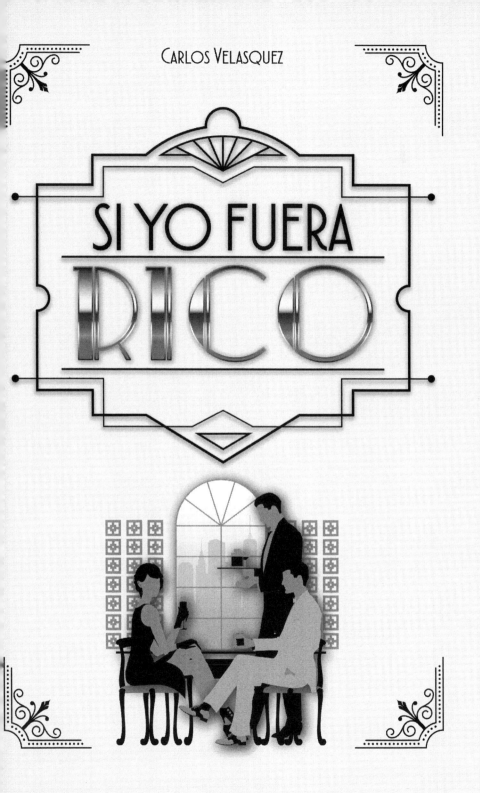

Carlos Velasquez

SI YO FUERA RICO

Si yo fuera rico
Por Carlos Eduardo Velásquez Pérez

ISBN: 978-1-64142-013-6

Publicado por
Editorial RENUEVO LLC
www.EditorialRenuevo.com
info@EditorialRenuevo.com

Contenido

Si yo fuera rico

Si yo fuera rico ◆

Nota del autor

La Biblia declara en el Libro de Proverbios 18.21 que el poder de vida y muerte está en la lengua; luego ilustra de diferentes maneras que el efecto de las palabras puede elevar o derrumbar, edificar o destruir, etc. a tal grado que es muy aconsejable quedarse callado cuando se ignora el tema que se está tocando; que el abrir la boca de forma incesante e imprudente, la Biblia lo pone de esta manera: *«El que carece de entendimiento, menosprecia a su prójimo; más el hombre prudente calla». (Proverbios 11.12)*

Esa falta de entendimiento puede ser a causa de falta de información o por mala información, con la intención de desacreditar al prójimo; de allí que no conviene repetir la información que alguien dé sobre una persona, empresa, producto o situación si no se tienen las evidencias al respecto. *Proverbios 17.28: «Aun el necio, cuando calla, es contado por sabio; el que cierra sus labios es entendido» y Salmos 34.13: «Guarda tu lengua del mal, y tus labios de hablar engaño».*

¿Cómo asegurarse de que lo que uno dice no es un mal en contra de alguien, o un engaño? No hablando de aquello de lo que no nos hemos percatado personalmente y de lo que no tenemos evidencia. Por lo tanto, podríamos culminar con la advertencia del Señor Jesucristo cuando dice en *Mateo 12.36–37: «Mas yo os digo que de toda palabra ociosa que hablen los hombres, de ella darán cuenta en el día del juicio. Porque por tus palabras serás justificado, y por tus palabras serás condenado».*

Aunado al efecto que producen las palabras, está la advertencia de cuidar el buen nombre o reputación de una persona; de allí que claramente se prohíba no hablar falso testimonio contra nadie *(Éxodo 20.16)* y que la difamación de carácter sea un crimen penado por la ley.

Debes estarte preguntando, estimado lector, ¿qué tienen que ver estas palabras aclaratorias con el tema del libro? y me voy a permitir aclararlo.

Cuando se me presentó la oportunidad de desarrollar el negocio de mercadeo múltiple nivel, yo indagué acerca de la empresa, acerca de los fundadores, acerca de sus productos y acerca de sus políticas, así como sus valores éticos y morales y, sobre todo, su respeto a las leyes. La razón es que soy un ministro del evangelio y consecuentemente, no sólo sé lo que dice la Biblia acerca del engaño de las riquezas y del poder destructivo de la codicia, sino que tristemente también he sido testigo de su efecto en la vida de algunas personas.

Por otro lado, siendo un creyente y hacedor de la enseñanza bíblica de *Proverbios 22.1 «De más estima es el buen nombre que las muchas riquezas y la buena fama más que la plata y el oro».* He cuidado de no hablar, ni siquiera repetir lo que otros estén diciendo, cuando eso puede poner en tela de juicio la dignidad, la integridad y el buen nombre de alguna persona y no se tengan evidencias para tales declaraciones.

Tal como mencioné anteriormente, indagué. De allí que cuando oigo a personas, unas bien intencionadas, otras que sólo repiten lo que oyen, algunas temerosas de que lo malo que han oído sea cierto y se pueda causar daño a sus amigos, miembros de la iglesia, parientes etc., no puedo quedarme a la deriva y dejar que por una información sin fundamento muchas personas no puedan tener la oportunidad de forjar su propia empresa y dedicarse a hacer lo que desean, pero que por falta de recursos, no lo pueden lograr.

Podría resumir mi intención de escribir este libro con las palabras del sabio Salomón: *«Justo parece el primero que aboga por su causa; pero viene su adversario, y le descubre» (Proverbios 18.17)*, *«Al que responde palabra antes de oír, le es fatuidad y oprobio» (Proverbios 18.13)*, que se complementa con la exhortación del Señor Jesús: *«No juzguéis según las apariencias, sino juzgad con justo juicio». (Juan 7.24)*

Se necesita oír los dos lados de la historia, pues cualquiera que hable primero presentará a la otra parte involucrada como la culpable y mostrará sus evidencias, razones o argumentos a su favor; si no se concede la misma oportunidad a la otra parte, no sólo no se está siendo justo, sino que si se esparce esa opinión basada en apariencias, se cae en fatuidad y en oprobio y cualquiera podría caer en la culpabilidad de difamar el buen nombre y la reputación de una persona.

Por lo tanto, en este libro me permito presentar diferentes pruebas y argumentos, recopilo algunos testimonios de personas que han estado involucradas, unas personalmente y otras que como yo, han indagado por su parte, así como algunas otras que aunque al principio pensaron mal, cuando indagaron y corroboraron la información escuchada, se dieron cuenta de su error y de esa forma lo comunicaron.

Es necesario aclarar también que debido a la postura y experiencia personal que manifiesto, este libro no llena las normas, requisitos, estándares de calidad, políticas y reglas de conducta de la empresa en el sentido de que ésta, como tal, no tiene una postura religiosa como yo, ni está limitada a un sistema de desarrollo; de allí que este libro está escrito sin el sello o aval de la empresa, siendo la responsabilidad de todo lo aquí expresado única y exclusivamente del autor, dejando a la empresa libre de cualquier censura o reclamo.

De otra manera, no podría dejar de expresar mi postura, basada en principios bíblicos, pues eso es mi convicción de vida, no una religión adicional o algo opcional que puedo desvincular de los negocios, la familia, mi función como ciudadano, mi entendimiento de los acontecimientos nacionales y mundiales, etc.

De igual manera, aunque existan diferentes ramas, redes, sistemas de negocio y gran cantidad de personas comerciando los productos Amway, algunos se encontrarán afiliados a una rama específica y participando de su sistema, sin que eso implique que es el sistema exclusivo que trabaja con Amway.

Aclarado lo anterior, ahora sí, te invito a considerar el contenido del libro y que evalúes la información presentada para tener más elementos de juicio, antes de formarte una idea y de tomar una postura en cuanto a lo que la empresa es, significa y ofrece.

De más estima es el buen nombre que las muchas riquezas y la buena fama más que la plata y el oro

Proverbios 22.1

Si yo fuera rico

◆

Capítulo 1

Una alternativa única

Si yo fuera rico ◆

1

Me parece ver a Tevye de la película «El Violinista en el Tejado», cuando después de que se daña su mula y todavía tiene que repartir la leche, se pone a discutir con Dios, preguntando por qué a otros sí les da dinero y a él no. Luego viene esa parte tan especial en la que empieza a soñar con todo lo que haría si fuera rico y comienza a cantar: «Si yo fuera rico, daba dibi dibi duba dibi dibi dibi dum...».

¡Cuánto me gustaría que bastara con empezar a cantar! Pero eso no cambia mi situación; los precios de las cosas siguen subiendo. Alimentar, vestir y educar a los hijos se está volviendo una tarea costosa y no digamos la renta de la casa. Yo no quiero ser rico, me bastaría con poder tener para brindar a mi familia una vida decorosa, sin que pasaran penurias y limitaciones; poder contar con los recursos para poder tomar unas vacaciones a fin de año y un poco de ahorros para cuando mis hijos lleguen a la edad de ir a la universidad. ¿Es eso mucho pedir?

...la realidad de que no basta ser trabajador honesto y esperar que eso sea suficiente.

Mario observó de forma interrogante a Eduardo mientras se llevaba a la boca la tasa de café. No era la primera vez que se reunían para platicar de asuntos familiares, pues además de trabajar en la misma empresa, tenían una buena relación de amigos.

Eduardo sonrió de forma condescendiente. Comprendía la situación en la que Mario se encontraba. De hecho, Eduardo mismo se había hecho esa pregunta tiempo atrás.

—¿Sabes una cosa, Mario? El peso de la responsabilidad de proveer para las necesidades básicas de mi familia y para que mis hijos salieran adelante en los estudios y en la vida, me confrontó con la realidad de que no basta ser trabajador honesto y esperar que eso sea suficiente.

—Espera Eduardo —dijo Mario poniendo su tasa sobre la mesa e inclinándose hacia Eduardo—, quiero asegurarme de que te escucho bien y no mal interpreto tus palabras, porque yo te considero, no sólo un trabajador, sino una persona honesta en todo aspecto y lo que acabas de decir suena como un cambio de opinión en cuanto a tu sentido de valores.

Eduardo se rio mientras extendía su mano para palmear suavemente el brazo de Mario, mientras le decía —No, Mario, no. Perdona si te causé esa impresión; permíteme aclarar a lo que me refiero.

Mario se recostó nuevamente sobre el respaldo de su silla y Eduardo asumió la postura relajada que al principio tenía.

—Mario, ¿Recuerdas cuál era el concepto generalizado que existía mientras tú y yo crecíamos? Me refiero a que nuestros padres nos decían más o menos que si estudiábamos para obtener una buena educación, podríamos conseguir un buen trabajo y triunfar en la vida.

—Así es —respondió Mario convencido—. De hecho, es lo que la mayoría de los padres seguimos diciendo a nuestros hijos hoy en día.

—Sí, pero es el momento en que consideremos la realidad. Piensa en la gente que conoces, los compañeros que se graduaron contigo y los cientos otros de las diferentes escuelas. ¿Cuántos conoces que por su buena educación y profesión estén viviendo bien y triunfando en la vida?

¿A qué le llamas un estilo de vida superior al tuyo?

Mario tomó la tasa de café y mientras bebía lentamente, trataba de pensar en la respuesta a lo que Eduardo le preguntaba.

—Bueno, realmente no conozco a ninguno que esté en una posición holgada como de rico o millonario, pero hay varios profesionales con estilos de vida muy por encima del mío.

—Espera Mario, vamos a considerar esa declaración tuya. ¿A qué le llamas un estilo de vida superior al tuyo?

–Bueno, me estoy refiriendo a lo obvio. Tienen una mejor casa, carros más nuevos, sus hijos estudian en colegios privados, etc.

—Ahora, Mario, piensa en alguno de ellos específicamente y considera esto: ¿Cuánto tiempo le dedica a su profesión y cuánto tiempo le queda para disfrutar de su familia? Todo esto incluyendo

¿cuán libre es para decidir dejar de trabajar por una semana porque sus hijos lo necesitan y que eso no afecte su situación económica?

—Creo que sé hacia dónde te diriges; pero cualquier trabajador, sea profesional o no, tiene que prestar servicio y atención constante a sus clientes para poder mantenerlos satisfechos y le guarden fidelidad; de lo contrario, éstos buscarían otra persona. La libertad a la que aludes sólo la tienen aquellos que no dependen de su servicio o profesión para mantener su estilo de vida, sólo los ricos o millonarios.

—Ese es precisamente el punto que estoy tratando de explicarte. No importa tanto la diferencia de estilos de vida, si alquilas un apartamento o si tienes una casa, si viajas en autobús o si tienes dos carros, si comes arroz y ensalada o churrasco y papa horneada. La realidad es que, en ambos casos, sigues dependiendo de trabajar más tiempo y más arduamente para mantener tu estilo de vida, pero también en ambos casos, al dejar de trabajar al mismo ritmo y dedicación, el presupuesto se viene abajo. Incluso, ¿Cuantos profesionales conoces que manejen sus negocios y su familia sin recurrir a préstamos o a tarjetas de crédito?

—Entiendo en parte lo que dices, pero creo que esa es la realidad y yo preferiría trabajar más duro y tener un mejor estilo de vida que conformarme con menos. Si no, ¿para qué esforzarse en pagar los estudios de los hijos, si de nada vale la educación?

—No Mario, no es ese el punto. Tanto la educación como el ser profesional tienen un gran valor y son muy importantes para el adelanto como seres humanos y como nación. Dicen que la única diferencia que debería haber entre los seres humanos es el poder de la educación, pero también existe la inteligencia y lo que intento decirte es que eso ya no es solamente el vehículo apropiado para la adquisición de riqueza. Hay otros factores que entran en juego para lograr una vida plena.

...yo preferiría trabajar más duro y tener un mejor estilo de vida que conformarme con menos.

—Por ejemplo, hagamos la suposición de que nuestros hijos se gradúan de doctores o arquitectos, ese conocimiento y capacidad se verán limitados en gran manera sin los recursos económicos para hacerse del equipo necesario para el trabajo y tendrán que optar por trabajar para otros; convirtiéndose así en unos buenos instrumentos que alivien la carga y el tiempo del que los contrate, mientras que ellos dependerán de un cheque mensual, sin importar cuan buenos sean en su rama.

—Sí, pero ese es el inicio normal de cualquier profesional —respondió Mario pensativo— nadie se gradúa e inmediatamente tiene una oficina establecida, con una lista de clientes asegurada. Todos comenzamos trabajando para otros, mientras acumulamos lo suficiente para poder establecer una empresa propia.

—En parte tienes razón, pero ¿Cómo pueden acumular lo suficiente, si lo que ganan es lo que usan para mantener su estilo de vida? Tienen que buscar otras opciones y a eso fue a lo que me referí al principio al decirte que no basta ser trabajador honesto y esperar que eso sea suficiente.

—Entonces, ¿Qué otra alternativa hay? ¿Qué es lo que has pensado hacer al respecto?

—Cuando me di cuenta que ya no era suficiente proveer una buena educación para los hijos, al principio me sentí defraudado, pero luego esa emoción se tornó en un reto a no ceder a las circunstancias de la vida y eso me impulsó a la búsqueda de una mejor condición financiera y al descubrimiento de que sí es posible para cualquier persona que esté dispuesta a romper con el molde tradicional y la mentalidad predominante de como tener éxito, no sólo lograr esa mejor condición financiera, sino una vida mejor y más fructífera.

—¿Qué fue lo que descubriste Eduardo? y así como dices, es algo que cualquiera, … ¿que yo pueda hacer también?

—Sí, es algo que cualquiera que esté dispuesto a escuchar, meditar y considerar las razones y las evidencias que se dan, puede hacer, aunque éstas le parezcan muy simplistas por un lado y por el otro, que les quitan peso o valor a los conceptos que tradicionalmente se han ostentado como la norma.

—Bueno, eso me parece obvio, ¿Quién no va a aceptar algo si se le presentan —como bien dices— las razones y evidencias de que eso funciona?

—¡Te sorprenderías si yo te contara cuanta gente prefiere cerrar los ojos y oídos a la realidad, antes que aceptar que lo que están haciendo no los conduce a ningún lado, excepto a la simple existencia y a la limitación en la que se encuentran! El poder de la tradición y la costumbre son tan grandes que, aludiendo a la misma película que mencionaste de «el violinista en el tejado», recordarás que están dispuestos a morir si es necesario, antes que dejar su tradición. Incluso, recuerda que su mismo Mesías les reconvino diciendo que con sus tradiciones rendían las mismas enseñanzas de él, en algo inoperante.

—Puede que tengas razón, pero en mi caso personal, me gustaría oír para tomar mi propia decisión. Cuéntame todo, desde el principio, para que tenga los mismos elementos de juicio que tuviste tú.

—Muy bien, permíteme remontarme hasta el comienzo, lo cual creo que es lo prudente para que entiendas por qué pienso como pienso y valoro las cosas como lo hago. El que nos remontemos a mi juventud, cuando desistí de mis estudios te dará una mejor perspectiva de lo que compartiré contigo.

Si yo fuera rico ◆

Capítulo 2

Un comienzo con escollos

Si yo fuera rico ◆

2

«Mire papá, si Eduardo ya no quiere seguir estudiando, mejor permítale que se vaya conmigo a Estados Unidos. Allá lo inscribo en la escuela para que aprenda inglés y después empiece a trabajar. Las oportunidades son mucho mejores y se gana bastante mejor que aquí. Además, que de seguir aquí, puede hacerse de malas compañías y se va a perder».

—Ese fue el inicio, Mario. Betsy, mi hermana que vivía en Estados Unidos pidió y consiguió llevarme a vivir con ella.

—Bueno, eso fue una gran ayuda. Lograste salir de las condiciones limitantes de nuestro país y tuviste una mejor oportunidad que el resto de nosotros.

—Lo haces sonar tan fácil, pero permíteme que te siga narrando el resto. De por sí, todo cambio conlleva ciertos esfuerzos, acoplamientos y obstáculos que hay que vencer; por lo general, el cambiar de trabajo o localidad para mejorar el salario o la condición de vida, es algo común; pero si ese no es el caso, si no se ha trabajado antes y has sido un muchacho que depende totalmente de sus padres, y si a eso añades que es la primera vez que vas a salir de la tierra natal, que es la primera vez que te vas a separar de los padres y demás familia y que te vas a un lugar, cuyo idioma no entiendes, el cambio puede ocasionar más daño que bien.

> *todo cambio conlleva ciertos esfuerzos, acoplamientos y obstáculos que hay que vencer...*

—Claro, entiendo las emociones iniciales a las que te refieres — respondió Mario, convencido— pero el aprender el idioma, ya estando en el lugar, acostumbrarte a estar lejos de casa y hacer nuevos amigos no es cosa tan seria.

—Tal vez así sea, pero en mi caso aún recuerdo las exclamaciones de asombro de los compañeros y maestros de la escuela al descubrir que una persona de esas tierras lejanas no anduviese con un taparrabos, ni fuese de tez oscura y que incluso tuviera ojos claros. Eso hizo que las primeras semanas en la escuela en E.E. U.U. fuesen como estar en una jaula de cristal para que todos pudiesen ver al espécimen raro. Todo parecía indicar que el experimento, en lugar de dar los frutos anticipados por Betsy, estaba contribuyendo a que mi autoestima, que de por si estaba bastante quebrantada, se derrumbara totalmente y ya no hubiese oportunidad de rescatarla.

—Pero mírate ahora, eres una persona segura de sí misma, con una linda familia y un estilo de vida deseable y admirado por muchos.

—Afortunadamente, una de las cosas que era tan normal para cualquier muchacho latino y en la cual yo había destacado, era en el juego del balón pie; el cual no se practicaba en Estados Unidos en el tiempo en que llegué y eso cambió parcialmente mi situación. Nos encontrábamos en la hora de educación física; unos practicaban el fútbol americano, otros lanzaban la pelota a las canastas de basquetbol mientras yo solo miraba, parado en un lado donde no interfiriera con ninguno de los grupos. De repente la pelota de Basquetbol llegó a mis pies, En una reacción natural, en lugar de agacharme y tomarla con las manos, la levanté con el pie, la lancé al aire y la retorné a los jugadores dándole un cabezazo.

«¡Oye muchacho, ven acá!» dijo el entrenador mientras caminaba hacia el campo de fútbol y requería al resto de los alumnos que despejaran una de las metas. «¿Puedes patear esta pelota por encima de ese marco?» Preguntó, mientras colocaba la pelota en la distancia oficial para marcar el punto extra.

> *Usa esa puerta que se te ha abierto para desarrollar algunas amistades.*

—Para mí, aquello resultaba demasiado fácil. Después de haberme hecho patear la pelota varias veces, el entrenador empezó a ponerla cada vez más lejos hasta que la llevó a una distancia en que, después de que la pasé por encima del marco, el entrenador tiró su gorra al aire y declaró que tenían a su pateador para la próxima temporada de fútbol.

—¡No me digas que fuiste jugador de fútbol! ¿fue eso lo que te ayudó a ganar dinero?

–No, no fue exactamente así. Lo que pasó fue que al día siguiente un joven se acercó a mí, llevándome la copia del periódico local, en el cual había un pequeño reportaje contando mi hazaña deportiva. Eso cambió las cosas, pero no en el aspecto económico, sino que, de repente, ya no era el sujeto en la vitrina, sino la futura estrella del equipo de la escuela.

—¡Estoy orgulloso de ti! —me dijo Lui, mi cuñado, después que Betsy le mostrara el periódico— ahora aprovecha bien la oportunidad porque los futbolistas ganan bastante dinero; usa esa puerta que se te ha abierto para desarrollar algunas amistades. No está bien que pases todo el tiempo encerrado aquí sin hacer amigos y sin practicar tu inglés.

Después de eso, fue poco el tiempo que me tomó para aprender a comunicarme y a sostener una conversación con los compañeros de clase, aunque con limitaciones. Todo parecía apuntar a un futuro glorioso, pues era de anticipar que algún equipo profesional descubriera mis talentos y me contrataran; pero no fue así, un huracán causó la inundación de la casa de mi cuñado y hermana, llevándonos a cambiar de localidad y poniendo fin a mis días escolares.

—No obstante, supongo que en la escuela a la que te trasladaron, tuviste la misma oportunidad.

—Ya no tuve oportunidad de regresar a la escuela. Mi nueva condición requirió que empezara a trabajar y a forjar mi futuro. Conforme mi comprensión del inglés fue mejorando, fui cambiando de empleo, desde lavaplatos, ayudante de mecánico, mantenimiento de edificios, etc., ganando más dinero y haciéndome de ropa de moda y hasta compré un carro.

Con el tiempo me establecí en una de las compañías nacionales ganando un mejor salario, disfrutando de beneficios adicionales tales como carro nuevo cada dos años, bonificaciones, capacitación y convenciones nacionales, seguros médico y de vida. En fin, tenía la oportunidad de ascender en la empresa, hasta la posición de clase social media alta.

—¿Te das cuenta? Sí fue el trabajar para una buena empresa lo que te ayudó a salir adelante.

—En ese tiempo y a una edad bastante joven, ya me había casado con Liam, a lo que siguió el nacimiento de Odette y Bradly. Las responsabilidades de una persona casada y con hijos, hicieron que yo evaluara más detenidamente mi actitud ante la vida. El ejemplo que deseaba ser y dejar para mis hijos fue lo que me llevó a algunos cambios substanciales en mi estilo de vida, entre ellos, el renunciar a la empresa nacional para dedicar más tiempo al desarrollo de valores éticos y morales en mis hijos.

—No lo entiendo. ¿En qué forma te iba a limitar estar en una compañía en la que ganabas bien? Por el contrario, eso hubiera facilitado que pusieras a tus hijos en mejores escuelas y básicamente lo que ya te mencioné anteriormente.

—Mi forma de pensar fue diferente. Empecé a considerar la vida de muchas personas en la empresa y en el vecindario donde vivía y me percaté de que ponían la mayoría de la educación y desarrollo de sus hijos en manos de la escuela y la televisión. Sin embargo, por ser esa la norma predominante, nadie lo veía mal.

—Bueno Eduardo, no sé si comprendo tu razonamiento, porque me parece que si todos siguiéramos tu ejemplo, en lugar de mejorar, nuestra situación se haría más difícil. De hecho, con los costos de vida actuales ya no es la excepción que la madre trabaje, sino que es la norma y si tú me sales con que no se puede depender ni de la escuela para la educación de los hijos, en lugar de darme soluciones al problema, le estás añadiendo más.

Eduardo mostró su franca sonrisa al escuchar a Mario y siguió la corriente de pensamiento que Mario expresaba añadiendo: —Resulta que viniste en busca de lana y eres tú el que sale trasquilado. —Mario también rio con ganas.

—Nuestro estilo de vida se vio afectado. En mi nueva condición, ganaba más o menos la mitad de lo que percibía con la empresa nacional. Sin embargo, el hecho de que Liam tuviese la misma convicción y que ambos valoráramos más la educación y desarrollo de nuestros hijos, hizo que el ambiente del hogar no sufriera ningún daño. El tomar la decisión de convivir con nuestros hijos y comprender sus deseos y estar al tanto de sus problemas nos acercó como familia y eso nos hizo más fuertes. El ambiente en casa era inmejorable.

—Bueno, el vivir en los Estados Unidos con todas las facilidades y adelantos existentes, incluso los que viven en un estilo de vida promedio, están mejor que muchos de la clase alta en este país —comentó Mario, con una expresión de convencimiento.

—Depende de cuál sea tu punto de vista de «estar bien». Si nos enfocamos en la facilidad para adquirir cosas y servicios, tienes toda la razón; pero eso nos lleva a la pregunta que te hice anteriormente en cuanto a la diferencia entre los que viven un estilo de vida, aparentemente mejor que otros; pero que, en esencia, están en la misma situación. Nosotros seguimos teniendo carro, televisión, teléfono; estábamos comprando nuestra casa y tantas otras cosas más. Prácticamente, la única diferencia era en los modelos, calidades, tamaños, valores y estilos de las cosas. La gran diferencia no se vería inmediatamente, sino que en el desarrollo y crecimiento de nuestros hijos.

—Sé que tienes unos buenos hijos. En realidad, tu familia es ejemplar y esa es, en parte, la razón por la que busco tu consejo. Te observo y... por favor, no te ofendas ni me mal interpretes pero te veo como un ser común, alguien que no sobresale por cosas que otros no tenemos, sino que eres semejante a nosotros y eso me hace pensar que si tú has podido salir adelante, entonces no hay razón para que yo no lo haga.

Eduardo sonrió a la vez que asentía, mientras Mario hablaba. Cuando al fin terminó, Eduardo respondió —entiendo perfectamente lo que dices y no, no me ofendo, todo lo contrario. Ese es el ejemplo que he querido dar, esa ha sido mi meta, mi sueño y mi deseo. Yo he querido ser un ejemplo fácil de imitar y ser superado por aquéllos que así lo quieran hacer. De allí que, como tú dices, no hay

> ∼
> *Yo he querido ser un ejemplo fácil de imitar y ser superado por aquéllos que así lo quieran hacer.*
> ∼

nada extraordinario en mi vida que no pueda ser imitado o superado por los que estén dispuestos a pagar el mismo precio que yo he pagado.

—Quizá esa es la clave o respuesta que estoy buscando de ti con esta conversación. ¿Cuál es ese precio al que te refieres? —respondió Mario con una viva expresión en su rostro— ¿Qué es lo que hay que hacer? Porque...perdona que lo repita, pero te observo y no encuentro que estés haciendo algo tan diferente a los demás o que yo mismo.

—Bueno, en parte ese es el problema, observar lo que estoy haciendo ahora y suponer que es mi actuación presente lo que produce mi estilo de vida. ¿Has oído acerca del bambú chino? la mayoría de la gente ve que en cinco meses llega crecer tan alto, pero lo que ignoran es que ha estado sembrado por cinco años, sin que aparentemente nada haya pasado.

—Comprendo lo que me dices. Entonces, si no es lo que estás haciendo ahora lo que cuenta, ¿qué es lo que hiciste? ¿Qué pasó en esos cinco años proverbiales, antes de que surgiera la persona y familia que ahora son?

–Te invito a que hagamos un viaje a través del tiempo y la historia y contarte algunas de los obstáculos que tuve que enfrentar para llegar a donde estoy.

Capítulo 3

El árbol de bambú

Si yo fuera rico ◆

3

—Todavía permanecen en mi memoria algunos de los comentarios que me hacían. «Los tiempos cambian Eduardo, tienes que comprender que ser tan negativo con tus hijos los puede traumatizar e incapacitar para tener una vida social normal; aprende a ser positivo, dales la oportunidad de que crezcan y cuando ya puedan tomar sus decisiones, entonces razona con ellos».

—Esa era una de las tantas ocasiones en que alguien se acercaba para aconsejarme cómo educar a mis hijos. En esa oportunidad, fue la esposa del consejero espiritual de los jóvenes de la iglesia, quien nos había llamado a Liam y a mí, para corregirnos por la forma, considerada tan estricta, en la que educábamos a nuestros hijos. La plática fue más o menos así:

«Recuerda que son niños y que todos los niños son curiosos, algo traviesos y que esa es la etapa en que están desarrollando su personalidad; si siguen limitándoles con tantas prohibiciones, los pueden cohibir».

«Pero nosotros no les hacemos tantas prohibiciones; lo que no les permitimos hacer son las cosas que obviamente son malas. Los estamos educando para ser respetuosos con los demás y por las cosas ajenas, a ser obedientes sin argumentar, a comer de todo lo que se les dé en casa, a ser responsables con su respectivo horario y responsabilidades en la casa, a no pelearse entre ellos ni ponerse sobre nombres. En fin, estamos educándolos a ser disciplinados».

«Sí, todo suena aparentemente bien, pero parece que a todo lo que ellos piden o quieren la respuesta es: ¡No! además, como ya les dije, son niños, no los quieran tratar como soldados en un campo de entrenamiento. Traten de ser más positivos; en lugar de decirles: no abras la puerta, diles: es mejor que la puerta esté cerrada. Es lo mismo, sólo que de una manera positiva».

—Recuerdo que la conversación se prolongó

demasiado, pero toda giró alrededor del mismo tema y con ejemplos semejantes. La conclusión del asunto era que nos consideraban a Liam y a mí, una pareja joven, inexperta en la vida familiar, demasiado idealistas en cuanto a que se podía tener hijos obedientes, que no hicieran espectáculos en los centros comerciales cuando no se les compraba un juguete, alguna golosina o algo que vieran y desearan; que respetaran las directrices de los padres, sin tener que gritarles o amenazarles. En fin, que fueran hijos obedientes.

—Pero Eduardo —respondió Mario con expresión de sorpresa— ahora eres una persona que enseña a desarrollar una actitud positiva tanto en nuestras personas como en nuestros hijos ¿cambiaste de opinión por lo que te aconsejaron?

–No. Hay una gran diferencia entre ser una persona de actitud negativa y una persona disciplinada. Nosotros cuidamos de hablar a nuestros hijos de acuerdo a la verdad, de acuerdo a su verdadera identidad espiritual y de acuerdo a los planes de Dios para su vida. Precisamente, por eso fue que les pusimos las reglas y las condiciones mencionadas.

—Perdona, pero no lo entiendo; si Liam y tú le hablaban a sus hijos de una identidad positiva y de ser personas con un plan de Dios para sus vidas, ¿no eran todas esas limitaciones y restricciones, una contradicción a la fe que decían tenerles?

—Claro que no —respondió Eduardo convencido— considera la enseñanza de la Biblia, el mismo Dios, después de crear al hombre con un plan y una comisión de gobernar sobre toda su creación, le pone una regla o ley prohibitiva: ¡no comas de este fruto! ¿Cuál era la razón? Entre todo lo que se pueda decir, no se puede pasar por alto que era para que el hombre aprendiera a gobernarse a sí mismo, sin necesidad de controles externos.

∼

no se puede pasar por alto que era para que el hombre aprendiera a gobernarse a sí mismo...

〜

—No obstante, si pones eso como ejemplo, vas mal, porque el hombre demostró no tener esa capacidad y desobedeció. Por lo tanto, esa ley prohibitiva no funcionó.

—Depende de cómo veas las cosas; aunque es cierto que el hombre falló, también es cierto que Dios ya lo tenía previsto y por eso declaró el plan o proceso por medio del cual habría de llevar a la humanidad a que fuesen esa clase de personas que saben gobernarse a sí mismas, sin la necesidad de controles externos.

Recuerda que el fin de la historia es acerca de una clase de gente que gobierna con Dios sobre su creación, tal como lo había dicho desde el principio. Ahora bien, ¿cómo los lleva a esa condición? Por medio de un proceso de leyes y mandamientos que, aunque suenan negativos y limitantes en apariencia, la realidad es que son para desarrollar seres positivos y verdaderamente libres.

—Creo que empiezo a entender —asintió Mario— la Biblia declara más grande a una persona que se puede controlar a sí misma, que a alguien que, aunque sea un conquistador y tome una ciudad, no tenga el dominio propio.

–Así es y añade a eso la advertencia de que el que no sabe gobernar su propia casa, no está capacitado para gobernar ninguna otra empresa y ya te darás cuenta porque fue tan importante que, aparentemente, rebajáramos nuestro estilo de vida en el aspecto económico, para poder establecer las bases morales, los principios éticos y valores absolutos, para que, al ser confrontados con las normas de vida cambiantes, valores relativos y ética situacional, no sucumbiéramos ante la tentación. Esos fueron los «cinco años proverbiales», como los llamaste.

—Lo que dices tiene mucha lógica y verdad. Además, tu experiencia no da lugar a dudas, pues tienes el fruto o evidencia de que sí funcionó y que no fuiste tan sólo un soñador utópico; sin embargo, creo que estarás de acuerdo conmigo, hay otras personas que, al igual que Liam y tú, han educado bien sus familias, han sido honestos y de buenos principios, pero de todos modos no mejora su condición económica ¿A que lo atribuyes?

~

Espero que mi respuesta no te suene simplista, pero debo volver a los principios y normas.

~

—Espero que mi respuesta no te suene simplista, pero debo volver a los principios y normas. Me refiero a que, aunque esa parte de trabajar en nuestra actitud de vida sea indispensable y esencial, no se puede dejar pasar por alto los otros principios, igualmente claros y específicos, del trabajo diligente y el concepto de mayordomía.

—¿Simplista? Disculpa, pero de simplista no tiene nada. De hecho, me parece complicada y, sin querer parecer un tonto, la verdad es que no entiendo, porque anteriormente me dijiste que no bastaba con trabajar dura y honradamente y ahora me sales con que hay que trabajar diligentemente.

—Permíteme volver a la ilustración del bambú chino para poder explicarme mejor. Los cinco años en los que externamente no se ve nada, sino que todo el proceso se está llevando a cabo dentro de la tierra, podemos compararlos a ese tiempo dedicado a trabajar los principios y valores en nuestra vida. Sin embargo, el que no se vea nada superficialmente, no significa que no se esté trabajando durante ese tiempo; hay que estar regando, limpiando, abonando y dando todas las atenciones necesarias para que, cuando sea el tiempo, el bambú se manifieste con todo su potencial.

La diferencia, en este caso, es que estás trabajando con una meta específica, con un propósito establecido y el trabajo es tan sólo un vehículo, un instrumento para su logro, una parte o expresión de la mayordomía. De hecho, en esta etapa, el trabajo consiste en administrar bien la tierra y sus recursos. Luego que el bambú crece, si se dejara intacto para admirar su tamaño y sentirse satisfecho de que la paciencia y dedicación dieron fruto, sería una mala mayordomía y desperdicio de los recursos. Por lo tanto, el trabajo ahora es el de buscar la oportunidad y el mejor postor para venderle el bambú.

Aun después de esto, al tener el dinero en la mano, todavía no se puede sentir logrado y satisfecho; tiene que ser buen mayordomo de ese dinero y no asumir que basta con darle un «buen uso» como pagar la renta, comprar comida, pagar los estudios de los hijos, comprar ropa, etc., porque allí sería el fin de todos esos años de esfuerzo y diligencia, en resumen, una mala mayordomía.

—Espera Eduardo, aunque estaba siguiendo tu analogía, aquí me vuelves a confundir, ¿cómo puede ser una mala mayordomía emplear el dinero ganado, precisamente en las cosas para las cuales se trabaja y se gana el dinero?

—Respóndete tú mismo. Razona sobre tus propias palabras y considera ¿es para la adquisición de esas cosas que trabajamos? ¿En eso consiste la vida? trabajar para vivir y vivir para trabajar.

—Obviamente, al escucharlo de esa manera, la respuesta tiene que ser no; pero, para ser honesto, ¿qué otra razón hay? porque aun los que tienen mucho dinero —los ricos y millonarios— tienen que gastar en todas esas cosas y la única diferencia es, como tú mismo mencionaste anteriormente que, en lugar de arroz y frijol, comen carne y papa horneada, que en lugar de un apartamento tienen una mansión, etc. Añade que tienen más tiempo y recursos para viajar y tener recreación, pero básicamente eso es todo.

—Comenzaste diciéndome que la respuesta era obvia —respondió Eduardo— pero luego desechaste ese entendimiento con tus argumentos y razonamientos. Regresemos a la película del «Violinista Sobre el Tejado»; ¿Recuerdas el dilema de Tevye cuando ofrece casar a su hija con el carnicero, un hombre mucho mayor que ella, mientras que el sastre, un joven honesto y trabajador diligente, la ama y ella le corresponde? por un lado, era obvio que lo mejor para su hija era casarse con el sastre; pero por el otro, su tradición le indicaba una cosa. Recordarás que tiene que inventar la aparición de un muerto para poder cambiar la tradición, apelando a una tradición mayor.

❧

Te repito que no es lo ideal que se viva solo para trabajar, ni se trabaje sólo para vivir...

❧

—sí, recuerdo la película —respondió Mario, con extrañeza— pero no entiendo la alusión a que haces referencia. Te repito que no es lo ideal que se viva solo para trabajar, ni se trabaje sólo para vivir; pero también te reitero que no encuentro que haya una solución o cambio a lo que el ser humano ha venido haciendo desde la creación, eso es parte de la vida y aparte desde luego, de los que tenemos fe en una vida eterna después de la resurrección y el juicio final. Explícame pues, por qué sería mala mayordomía usar el dinero en la adquisición de esos bienes y servicios, puesto que, volviendo al punto, ¿de qué sirve, entonces, la dicotomía que vivimos todos los seres humanos, pobres y ricos, sino podemos hacer uso del usufructo de nuestros esfuerzos?

—Muy bien. Al gastar el dinero en esos bienes y servicios, la persona vuelve a quedar en la misma condición o casi la misma y tiene que iniciar el proceso una y otra vez y así se repetirá la historia hasta que muera y sus descendientes seguirán el proceso. La razón de ello, según la presenta la Biblia, es porque esa es la forma de pensar de la persona. Pon atención a tu propio caso que, a propósito, también era el mío al principio, tú no piensas que haya otra razón del trabajo, ni otra salida a esa rutina o proceso, porque esa es la clase de información que recibiste desde tu infancia y consecuentemente, es la forma en la que entiendes, evalúas tus perspectivas y actúas sobre ellas.

Haciendo alusión a las palabras del sabio

Salomón, «según el hombre piensa, tal es él»; por eso es que la Biblia dice que en lugar de conformarnos al sentido de valores y forma de ver la vida que se nos enseña normalmente, debemos transformarnos por medio de regresar a pensar en armonía con lo que Dios dejó establecido en la Biblia: mira lo que pasa al hacerlo así.

Respóndeme a esta pregunta Cuándo Dios ordenó al hombre, Adán, que trabajara cuidando el huerto, ¿para qué lo hizo? Te lo simplifico aún más: ¿fue para adquirir esos bienes y servicios a los que aludiste?

—Bueno... —respondió Mario, con el convencimiento de que su respuesta sería bien aceptada por su amigo— tengo que repetir que obviamente no, pero las condiciones eran diferentes, no había pecado, no necesitaba techo y abrigo, no había escuelas. En fin, era un mundo diferente.

—Esta es una buena oportunidad para ilustrarte por qué sí valió la pena que dejara la empresa y tuviera un ingreso menor, mientras establecía los principios de vida en nuestra familia. Uno de esos principios es el declarado por la Biblia como la inmutabilidad de Dios, es decir que Dios no cambia, no tiene un plan de contingencia o un plan «B» en caso de que algo le salga mal.

Consecuentemente, lo que era su diseño desde el principio de la creación, continúa siendo su diseño; en este caso específico, lo que era su diseño para el trabajo, continúa siendo su diseño.

Si supusiéramos que el pecado del hombre y las circunstancias pudieron afectar el plan de Dios, estaríamos destruyendo toda posibilidad de tener fe y condenando nuestra existencia a ser víctimas de las circunstancias, no habría leyes justas ni valores absolutos, dependeríamos, como en la actualidad, de leyes circunstanciales y valores relativos. Desmentiríamos los principios de «sembrar y cosechar», pues no importaría que sembremos bien; de todos modos, cosecharíamos relativamente a las circunstancias existentes y al sentido de valores predominante.

—¡Caramba Eduardo! sigo sin entender lo que estás diciendo, pero dentro de mí, siento como si hubieras dejado caer una bomba atómica. Creo y lo confieso, que Dios es todo poderoso, que nada escapa a su conocimiento y que está presente en todo tiempo y lugar. Sin embargo, no me había detenido a considerar lo que todo eso implica con relación a mi apreciación de la vida, aquí y ahora.

Si tan sólo tengo esperanza en un futuro mejor, después de la muerte, realmente mi vida actual no tiene razón de ser y sería lógico asumir que mientras más rápido termine, será mejor. Sin embargo, todos nos resistimos a la muerte; incluso cuando damos palabras de consuelo a alguien ante la muerte de algún ser querido, le decimos que ahora sí descansa en paz, que ha pasado a mejor vida, etc., pero en lugar de creerlo como razón de alegría, lo sentimos como una gran tristeza y veo que tienes razón, un Dios tan sabio, tan bueno y tan justo, no nos daría la vida para sobrevivir las circunstancias que se nos presenten, estamos hechos a su semejanza y como tales, Él desea una vida plena para su descendencia, mientras se llega la hora para pasar a mejor vida.

—Volvamos al concepto de mayordomía — Eduardo tomó la palabra, después de escuchar con atención y respeto a Mario— ¿qué clase de mayordomo sería aquel al que le entregan tierras, bienes y servicios,

Dios nos ha dado todos los recursos, los medios, talentos y habilidades para que establezcamos su empresa...

semillas, materiales de construcción, maquinaria, vehículos de transporte, dinero, etc.; luego contrata personas para que trabajen con todas esas herramientas y recursos en la construcción, desarrollo y funcionamiento de la empresa del dueño; sin embargo, surge un competidor, enemigo del dueño, que lo engaña y éste se revela y luego empieza a usar todos los recursos disponibles, pero ya no para construir la empresa de quien le dio su confianza, sino para otros fines, justificados por el engaño del competidor o no?

—No sólo sería un mal mayordomo, sino que podría considerársele como un ladrón, alguien que traiciona la confianza que le fue conferida, porque estaría tomando la propiedad de otro y usándola como si fuera propia.

—Pues bien, esa es la condición actual del ser humano. Dios nos ha dado todos los recursos, los medios, talentos y habilidades para que establezcamos su empresa, su reino y su justicia, pero ante el engaño del enemigo, el ser humano se ha convertido en su propio dios y ha tomado las riendas de su vida, decidiendo por sí mismo lo que es bueno y lo que es malo, sin importar que hay una voluntad expresa del dueño de todas las cosas.

Ahora, considera las cosas desde la perspectiva de Dios; crees que Él se hará a un lado y dirá algo como... «puesto que la humanidad no cree que yo tengo un plan para ellos, puesto que no creen que yo quiero dejarles la tierra en heredad, puesto que no creen que deseo lo mejor para ellos y que soy el único que puede hacerlo, pues los dejo a ver cómo terminan».

—Claro que no. De hecho, Jesús contó la parábola de los obreros de la viña, que vendría siendo lo mismo que tú hiciste ahora, sólo que actualizándola un poco y en la que concluye diciendo que destruirá a los labradores malvados y dará su viña a otros —continuó Eduardo.

...No creen que deseo lo mejor para ellos y que soy el único que puede hacerlo...

—Empiezo a entender con mayor claridad a lo que te refieres, pero me temo que aunque profeso creer en Dios, mi actitud actual me pone más del lado de los labradores malvados que de los que realmente están agradando a Dios —respondió Mario con un dejo de tristeza en sus palabras— ahora me resuenan las palabras de Jesús de que el que no recoge, desparrama y el que no está con Él, está en contra de Él. No me gusta lo que estoy viendo, mejor continúa y dime que hiciste y que puedo hacer yo.

Eduardo palmeó el hombro de su amigo, en un gesto de amistad incondicional, para continuar mostrándole ejemplos de lo que Dios deseaba entregarles.

Capítulo 4

Según el hombre piensa, así es

—Toda esta conversación nos conduce nuevamente al principio. Dios declaró que habría una forma de regresar a la condición original, antes de desobedecer, que al imitar al primer Adán, se convertía uno en un rebelde y se expondría a ser desechado. También habría un postrer Adán, que sería Jesús y que, al imitar su obediencia y dedicación, nos convertiría en un mayordomo fiel, coheredero de las bendiciones del plan original.

—Suena sencillo, pero entiendo que implica mucho más que eso —respondió Mario— de lo contrario, sería la mayoría la que lo aceptara en lugar de rechazarlo. ¿Por qué crees que es así?

—Volvemos al punto inicial, ¿recuerdas? según el hombre piensa, así es. El problema es la información que por siglos se ha estado transmitiendo al hombre, no sólo en la vida secular sino que también en las enseñanzas religiosas; de allí que las personas siguen siendo víctimas del viejo engaño del enemigo, lo que hace que se cuestionen las buenas intenciones de Dios, a tal grado que, aunque la Biblia dice claramente que Dios quiere darnos las cosas en abundancia para que las disfrutemos y aunque es obvio que la vida en abundancia significa eso, abundancia, la mentalidad predominante dice: no, humildad y espiritualidad requieren pobreza y escasez.

∽

...la mayoría de las personas pudientes o ricas no son la mejor expresión de humildad o compasión

൦

—Intento entender a lo que te refieres —expresó Mario con gesto sombrío— pero también es cierto, aunque lamentable, que la mayoría de las personas pudientes o ricas no son la mejor expresión de humildad o compasión; mientras que por otro lado, existen los testimonios de gente dedicada al bienestar de la humanidad, que han dado de su sustancia, aunque no sean acaudaladas.

—Aunque tu apreciación es cierta y sin intención de querer quitar ningún mérito a la dedicación, amor, sacrificio y entrega de las personas a las que te refieres, sí quiero insistir en que han actuado así porque esa fue la enseñanza que recibieron en cuanto a lo que era el amor, la humildad, la espiritualidad y la entrega. Por otro lado, aunque sí hay personas acaudaladas que hacen el bien, no saltan a la palestra de la notoriedad porque su estilo de vida sigue siendo holgado y abundante.

Nota en la misma Biblia ¿cuáles son las historias que se narran y se recuerdan al pensar en entrega y servicio? son casos como la viuda que dio todo lo que tenía, como la mujer que derramó un frasco de perfume caro en los pies de Cristo, etc.; pero cuando se llega a Zaqueo, por ejemplo, se habla de su arrepentimiento y date cuenta que reparte la mitad de sus bienes a los pobres, paga cuadruplicado a quien haya defraudado y no deja de ser rico ¿alguna vez oíste tocar ese aspecto al escuchar la historia de Zaqueo? —interrogó Eduardo, clavando sus ojos en Mario.

—Me parece que no. Es hasta ahora que tú lo mencionas que me doy cuenta de ello.

—Otro ejemplo, el del buen samaritano, ¿cuál es el mensaje o lección que nos presenta esa narración? Que debemos amar al prójimo, asistirle en sus necesidades; no solamente sentir compasión por él, como los otros dos que pasaron antes, sino poner acción a las palabras y los sentimientos, llevándole el bienestar.

—¿Será algo semejante a lo que dice Santiago, de que no hay ningún provecho en decir a alguien que tiene hambre y frío: «ve en paz, caliéntate y sáciate» pero no se le presta ayuda ni para comida ni para abrigo?

—Definitivamente. Ahora, ¿cuál es la aplicación que vas a hacer de eso? —interrogó Mario muy interesado.

—Muy sencilla y antes de explicarla, te voy a decir algo que Margaret Thatcher comentó, aludiendo al buen samaritano. Llamó la atención a que todos, como tú lo acabas de hacer, reconocen el servicio desinteresado y la entrega de ese hombre, pero que no se percatan de que pudo ser buen samaritano porque tenía los recursos para ello. En otras palabras, para poder servir a otros en esa forma y para no caer en lo que Santiago advierte, es necesario tener los recursos para proveer el alimento, la ropa, las medicinas o lo que sea la necesidad de aquella persona a la que se quiere servir.

Como en los casos de Zaqueo, el buen samaritano y otros que tenían los recursos, no se observa una entrega de sacrificio. No se ve, como dicen, que se quiten el bocado de la boca para darlo a otros; no se hace énfasis en su entrega a pesar de lo abundante, amorosa y compasiva que fue.

—Tienes razón, ninguno de esos personajes aparecería en mi lista de dadores compasivos o ejemplares; sin embargo, la evidencia es contundente. Ciertamente que el ver la vida y las circunstancias desde la perspectiva de los principios, en lugar que apasionadamente por las apariencias y las circunstancias, presenta un aspecto mucho más amplio de lo que es el evangelio, el cristianismo y las riquezas, pero antes de que lo olvide —advirtió Mario con sumo interés— termina de explicarme el concepto de trabajo. Me explicabas que trabajar sólo para la adquisición de bienes y servicios es un mal entendimiento del trabajo; me parece entender un poco, basado en lo que mencionaste que Adán no tenía que trabajar para conseguir nada de eso, pero todavía no lo tengo claro ¿qué más hay?

...la evidencia es contundente

—Recuerda que te dije: trabajo diligente y

mayordomía. Por lo que hemos hablado, ya te habrás dado cuenta de que el trabajo, en el concepto bíblico, no es lo mismo que el empleo actual. El trabajo es tan sólo una escuela en la que se desarrolla el carácter y la destreza que Dios nos ha dado para calificarnos a administrar su creación. Por el contrario, la mayordomía implica saber aprovechar las oportunidades y los recursos que Dios nos da, no para hacer dinero en sí, sino para administrar mejor su empresa, para ser instrumentos, nosotros mismos, de las buenas nuevas que Jesús anunció, por ejemplo, a los pobres.

De allí que al ser fieles mayordomos de lo poco que tengamos, Dios nos pone en abundancia. Por eso te decía que gastar lo que se gana, en la adquisición de bienes y servicios, es mala mayordomía porque nunca se llegará a estar en las condiciones de ser un Zaqueo o un buen samaritano.

—Expande más ese concepto de que nosotros seamos los instrumentos o medios de anunciar las buenas nuevas a los pobres; asumo que te refieres a algo semejante a que debemos ser la luz del mundo y la sal de la tierra, pero deseo escuchar tu explicación.

—Comencemos por considerar las primeras palabras que Jesús leyó cuando regresó al pueblo donde se había criado. Según lo narra el evangelio de san Lucas en el Capítulo 4 y Verso 18, Él dijo: «*El Espíritu del Señor está sobre mí, porque me ha ungido para... anunciar buenas nuevas a los pobres ...*»

Antes de analizar el significado de tal declaración y consciente de lo que hablamos antes en cuanto a la mentalidad religiosa que predomina, permíteme expresar que estas palabras no deben confundirse con las pronunciadas en el llamado Sermón del Monte, en donde se refiere a los «pobres en espíritu», aquí está hablando de las personas material y económicamente pobres y les está diciendo que parte de la razón de ser lleno y ungido con el Espíritu Santo, es para anunciarles buenas nuevas.

—Está bien, me parece que la diferencia es obvia, no veo por qué tienes que enfatizarla, pero si así lo quieres, está bien.

—Me alegra que para ti ya esté clara la diferencia, pero te sorprendería saber cuántas personas no la ven y es así como llegan a confundir la pobreza con humildad. No obstante, regresando a las palabras de Jesús, déjame hacerte una pregunta: ¿Qué puede ser buenas nuevas para un pobre?

—Antes de oírte hablar, basado en lo que por

años he oído en la iglesia, hubiera respondido que las buenas nuevas es saber que sus pecados serán perdonados y que pueden tener vida eterna. En otras palabras, las buenas nuevas del evangelio que predicaba Jesús y sus discípulos; pero ahora me parece obvio que no es esa la repuesta que esperas, pues esas serían buenas nuevas para toda la humanidad en general, no sólo para los pobres.

—Tengo que responder que para un pobre las buenas nuevas tienen que ver con que, de alguna manera, va a conseguir dinero; pero eso también me causa un poco de incomodidad por el mismo hecho de que el dinero no es la respuesta a los problemas de la vida. De hecho, las parábolas del joven rico y del rico insensato que contó el mismo Jesús enseñan que el dinero no es la respuesta.

—Tienes razón. Por eso, permíteme decirte, antes que nada, que tengo claro de que no es provechoso para el hombre ganar todo el mundo y perder su alma *(Mateo 16.26)*, que es insensatez querer acumular posesiones materiales y esperar que ellas den seguridad *(Lucas 12.16–20)* que se puede tener riquezas materiales, cumplir con la forma de la ley y de todos modos alejarse triste de Jesús y no poder seguirle *(Mateo 19.16–22)* y que la raíz de todos los males es el amor al dinero *(1 Timoteo 6.10)*.

En fin, que quienes ponen su confianza en el dinero están destinados a la ruina final y a la condenación eterna.

Ahora bien, todo eso no debe mal interpretarse como que Dios no quiera que la gente prospere, incluso financieramente o como si tuviera algún mérito mayor ser pobre. ¡NO! La Biblia dice claramente que la pobreza es consecuencia de ignorar o desobedecer la voluntad de Dios y que, si no se prospera económicamente, no es porque Dios no quiera, sino porque las personas ignoran o no quieren seguir sus claras instrucciones al respecto.

—¡Espera! cuando hablas de esa manera me incluyes a mí también, pues como te he dicho, yo quiero mejorar mi condición económica pero no puedo, no porque no quiera, sino porque no encuentro la forma de hacerlo. No le tengo miedo al trabajo duro, pero aun así, las circunstancias no me lo permiten.

—Te ruego que no te molestes por lo que dije —respondió Eduardo en tono conciliador. No lo digo como censura, sino como una aclaración del por qué, precisamente personas como tú que son honestas, trabajadoras y honorables no pueden disfrutar de un estilo de vida más holgado que les permita disfrutar tiempo de calidad con su familia. Permítame continuar con la explicación y verás a lo que me refiero. Una de las verdades más grandes, que toda persona debería conocer, es la de que Dios desea su bienestar. La Biblia dice en *3 Juan 1.2:* «*Amado, yo deseo que tú seas prosperado en todo y que tengas salud, así como prospera tu alma*».

—Como te dije, Eduardo, conozco lo que dice la Biblia, sin embargo, es obvio que, al considerar la situación económica, social y moral de las naciones, estamos muy lejos de ese deseo expresado en la Palabra de Dios y con el estómago vacío, la inseguridad física, la decadencia moral creciente, aún dentro de los círculos gubernamentales y el pobre ejemplo de las personas acaudaladas que no les importa sobornar o aprovecharse de su dinero para enseñorearse aun de las oportunidades de comercio ¿Qué buenas nuevas puede haber para los pobres?

—En parte tienes razón, pero gracias a Dios que, con la restauración de todas las cosas, también se está restaurando el mensaje del evangelio del Reino con esa parte que dice «El Espíritu del Señor está sobre mí, porque me ha ungido para anunciar buenas nuevas a los pobres ...».

Dios nunca ha dejado de dar su testimonio, aunque la mayoría del tiempo pareciera que ya no hay nadie que le crea u obedezca, siempre habrá aquéllos que lo hagan. Es como el caso de Elías, que pensó que sólo él quedaba de los siervos de Dios y Dios le aclaró que había otros siete mil. Así, hoy en día, están los ricos y millonarios que entienden el mensaje de Jesús para los pobres y que están invirtiendo sus riquezas de acuerdo a la voluntad de Dios, para darles buenas nuevas.

> ∽
> *El Espíritu del Señor está sobre mí, porque me ha ungido para anunciar buenas nuevas a los pobres...*
> ∽

—Regresemos a la pregunta que te hice antes —insistió Mario— ¿Qué son buenas nuevas para el pobre? Obviamente, es salir de su situación de pobreza y poder valerse por sí mismo.

—Sí, estoy de acuerdo contigo, pero eso no responde a la pregunta de cómo hacerlo, ¿cómo adquirir dinero para salir de su pobreza?

Nota que no sólo dije salir de su pobreza, sino que añadí «valerse por sí mismo» porque si se piensa que buenas nuevas para el pobre es que se le dé dinero, contradecimos el diseño de Dios de que todos descubramos lo que implica ser creados a imagen de Dios para cumplir la comisión de administrar Su propiedad como fieles mayordomos.

Por lo tanto, las buenas nuevas para el pobre, aunque implica proveerle los recursos económicos indispensables para sustento y abrigo de forma temporal, debe también incluir el enseñarle como valerse por sí mismo. Proveerle una oportunidad de que, a través del trabajo honrado y diligente, provea para sí y los suyos, adquiriendo no sólo la libertad de la pobreza, sino que la dignidad de saberse capaz y responsable de cumplir con sus compromisos y responsabilidades.

...la mayoría de la gente ve el trabajo como un mal necesario, del cual esperan poder librarse algún día.

—Ahora soy yo el que te pide que no te ofendas, pero me parece que tu respuesta, aunque correcta en su fraseología y teoría, me sigue dejando la misma incógnita de cómo va a adquirir la libertad financiera. Para repetir tus palabras, yo ya trabajo honrada y diligentemente para proveer para mí y los míos, pero eso no me ha dado, lo que tú llamas: «libertad financiera».

Enseñarle a un pobre a trabajar o conseguirle un empleo, aunque ciertamente le ayudará en algo, está muy lejos de ser «buenas nuevas». Me suena más como lo que ha acontecido siempre de que se a de vivir esclavo del trabajo.

Eduardo no pudo contener la risa. El rostro de Mario reflejaba una mezcla de angustia, frustración y cólera. Así que mientras recuperaba la calma, extendió su mano y dio unas suaves palmadas sobre el hombro de Mario y luego expresó:

—Perdona que me riera de esa forma. Definitivamente, no me burlaba de ti, pero mientras hablabas recordé aquella vieja canción del «Negrito del Batey», quien consideraba el trabajo como enemigo y un castigo de Dios. Aunque te parezca raro, aunque mucha gente no lo cante, su mentalidad es muy semejante a la del negrito de la canción: ven el trabajo como un mal necesario, del cual ya no encuentran la hora para poder librarse. Tú mismo estás en esa condición.

—Espera, ¿a qué te refieres con eso? —respondió Mario abriendo los ojos muy grandes— yo le doy gracias a Dios por mi trabajo y me esmero por cumplir fielmente con mi responsabilidad, no me paso el tiempo buscando como hacer menos, sino que doy todo mi empeño a hacer un buen trabajo.

—No me refería a que fueras un mal trabajador; lo que quise expresar es que tú mismo tienes un pensamiento, una forma de ver el trabajo en la que, si hubiese la forma de prescindir de él, lo harías. Por ejemplo, si tuvieras el dinero suficiente para cumplir con todos tus gastos y responsabilidades, tales como la renta, la educación de los hijos, la compra de alimentos, transporte, etc. y aún te quedara para poder salir de viaje con la familia; en fin, que el dinero no fuera problema en ninguna forma, ¿seguirías trabajando?

Es allí donde reside la raíz del problema.

—Bueno, la verdad es que no lo había pensado de esa manera. Mis aspiraciones han llegado hasta tener lo suficiente para cumplir con todo eso que mencionaste, pero siempre lo he visto como resultado de mi trabajo. Sin embargo, supongo que, si ya no tuviera que trabajar para conseguir el dinero, si estuviera garantizado de que lo tendría de aquí en adelante, ya no trabajaría, ya no tendría razón de hacerlo. De hecho, esa es la razón por lo que la gente se jubila, ya cumplieron sus responsabilidades de sacar adelante a su familia y ya pueden descansar.

—Muy bien, a eso es a lo que me refería. Desde

cualquier punto de vista en que lo veamos y lo llamemos como lo llamemos, la mayoría de la gente ve el trabajo como un mal necesario, del cual esperan poder librarse algún día. Es allí donde reside la raíz del problema.

—¿Por qué? no veo como eso tenga que ver con el salir adelante financieramente o con ser pobre.

—Te lo voy a explicar. Toda la vida se rige por una serie de leyes o principios, los cuales, precisamente por ser leyes naturales, no cambian ni con el tiempo ni con las circunstancias; por ejemplo: sembrar y cosechar, sin importar el tiempo que pase, esa ley dice que se cosecha lo que se siembra; no hay forma de sembrar una clase de semilla y cosechar otra clase de fruto. Otro ejemplo, la ley de la gravedad, todo lo que sube, baja y aunque se pueda volar por el aire, no hay forma de quedarse firmemente estable en él, tarde o temprano hay que bajar.

—Perdona si parezco falto de entendimiento, pero ¿podrías darme la respuesta más sencilla? Aún no veo que tenga que ver eso con trabajar o no hacerlo.

—Muy bien, a eso voy. Entre esos principios o leyes naturales, existe uno que es el más importante y que, de hecho, gobierna el todo de la vida.

Permíteme parafrasear, otra vez, las palabras del sabio Salomón para explicarlo. «según el hombre piensa, así es él». Sé que ya te lo dije antes, pero es necesario repetirlo varias veces hasta que finalmente tomemos conciencia de ello. Podría explicarte miles de cosas y darte miles de razones, pero mientras no cambies tu forma de pensar, no podrás entender la vida desde la perspectiva de la Biblia o sea desde la perspectiva de Dios.

—Bueno, tal vez si me ayudas a entender por qué dices que necesito cambiar mi forma de pensar, porque según yo, en casi todo he estado de acuerdo contigo.

—En casi todo, pero no en lo fundamental. A manera de ejemplo, cuando te cite que Dios desea que tengamos prosperidad en todo, me dijiste, rápidamente, que sabes que Dios quiere eso, pero que es obvio, que vivimos otra realidad. Escúchame bien, la parte clave es la final, a la que casi no se presta atención; es decir, a la condición previa de prosperar el alma.

Capítulo 5

Los principios bíblicos de la prosperidad

5

—Te conté que junto con mi familia dedicamos bastante tiempo a cambiar nuestra forma de pensar, que es en su naturaleza pura, la forma de prosperar el alma. Esa sería la parte de los años proverbiales del bambú chino y es también la exhortación bíblica de renovar el entendimiento.

—Sabes Eduardo que aunque entiendo lo que me dices, me cuesta aceptarlo del todo porque me suena muy simple, como que si sólo con pensar positivo ya me voy a hacer rico y sabes que ha habido mucha gente que ha sido engañada con esa clase de enseñanzas y que sólo han perdido lo que tenían.

—Permíteme insistir en que esas personas no

han valorado los principios de vida; es decir, no filtran las enseñanzas de acuerdo a los principios, para estar seguros de que estas enseñanzas no violan las leyes naturales. Recuerda que el trabajo fue instituido por Dios, antes de que hubiera pecado o maldición, por lo tanto, toda oportunidad que ofrezca prosperar en cualquier forma y no sólo en dinero, sino que no conlleve el proceso de trabajar, es falsa.

—Ahora lo veo con mayor claridad: lo que me estás diciendo es, básicamente, que si hay que trabajar, pero que la actitud o forma de pensar en cuanto al trabajo, por ejemplo, decidirá en gran parte, los resultados que se obtengan.

—Sí, así es. Desde luego, hay otros elementos que no podemos dejar pasar por alto, tales como la clase de trabajo, las herramientas, la demanda del producto o servicio, etc., pero eso es más obvio y más fácil de arreglar, el punto clave sigue siendo la forma de pensar. Escucha lo que otros personajes dicen al respecto.

Dennis Peacocke, en su libro: *Haciendo Negocios a la manera de Dios*, expresa lo siguiente:

«La pobreza es una enfermedad espiritual, más que una condición económica. Dicho más precisamente, es otra enfermedad interna del alma y espíritu que se manifiesta en el mundo

externo natural por medio de la falta de recursos. La pobreza es un grupo de opciones que se convierten en un estilo de vida. Sus causas espirituales están claramente identificadas a través del libro de Proverbios. Estos incluyen algunas cosas: pereza, temor, esquemas de enriquecimiento rápido, desobediencia, enojo, deshonestidad, idolatría, sobornos, adulterio y robo. Para hacerse libre de esta situación externa, primero debo retirarla internamente, desde lo interno de mi ser. Ambas, pobreza y prosperidad, se inician dentro de nosotros».

—¿Sabes Eduardo? al escuchar esa declaración comprendo lo que me has dicho y cómo lo he interpretado.

> ∾
> *La pobreza es una enfermedad espiritual, más que una condición económica.*
> ∾

Quiero decir que tú me has estado hablando de la causa de la pobreza, lo que Dennis llama enfermedad, mientras que yo me he estado enfocando en la forma externa en que se expresa, la falta de recursos.

—Tienes mucha razón y no quisiera dejar pasar la oportunidad de poner énfasis en esa declaración tan importante de que: *La pobreza es un grupo de opciones que se convierten en un estilo de vida.* A lo largo de la historia, siempre ha habido personas que, bajo las mismas condiciones y circunstancias, unas han triunfado y otras han fracasado; ¿qué ha hecho la diferencia? las decisiones que han tomado, ante las opciones que han tenido.

Es por eso que Dennis dice que tanto la pobreza como la riqueza, se inician dentro de nosotros y ahora puedo entender que eso se refiere a nuestros patrones de pensamiento, a nuestra forma de evaluar las cosas, las oportunidades y las circunstancias.

∽
Hay que pensar en la forma de ayudarles a cambiar su forma de pensar...
∽

Por lo tanto —expresó Mario— siguiendo con el tema de ser nosotros los canales de buenas nuevas a los pobres, me parece que no basta sólo con darles la ayuda económica o material que necesitan, hay que pensar en la forma de ayudarles a cambiar su forma de pensar, puesto que al seguir el concepto del alma y los pensamientos, están donde están, básicamente por su forma de pensar.

—¡Excelente conclusión! si te detienes a analizar la gran mayoría de instituciones de benevolencia, podrás observar que se enfocan en el aspecto externo, en lo que Dennis llama la falta de recursos; pero no hacen nada o muy poco para lidiar con la causa que produce esa falta de recursos. No significa esto que sea mala su ayuda y compasión, no, es sumamente importante; pero sin el otro elemento, puede resultar más dañino a largo plazo.

Dennis continúa diciendo:

Mientras que la compasión es esencial, y suplir la oportunidad de salir avante por sí mismo es un atributo de una sociedad libre (Levítico 19.9–10), el dinero no ganado no es la respuesta. Es una navajita de otra forma, diseñada para cortar el capullo.

—Entiendo lo que dice de la compasión y de salir adelante por uno mismo, pero como tú has leído todo el libro, para ti tiene sentido lo que acabas de decir, pero yo no lo he leído, así que explícame de que navajita y de que capullo estás hablando.

—Dennis relata la analogía de un niño que observaba cómo luchaba una mariposa por salir de su capullo; ignorando que ese es el diseño de Dios para que la mariposa ejercitara sus alas y adquiriera la fortaleza necesaria para volar. Pensó en ayudarla al tomar una navajita bien afilada, como un bisturí, y cortar el capullo para que pudiera salir. Desde luego, la mariposa salió, pero no pudo volar y después de un breve instante, falleció.

—Entiendo la analogía, pero ¿Cómo debemos aplicarla? Comprendo que no basta con la compasión, pero también conozco el otro lado de la moneda; es decir, no se les puede enseñar valores internos, mientras el hambre no los deje pensar.

—Permíteme enfatizar ese concepto. Cuando sólo se le extiende ayuda a una persona, en forma de limosna, subsidio o cualquier otra manera en la que tal individuo no tenga que hacer algo para ganarla o merecerla, aunque esa persona se muestre agradecida, lleva en su interior un sentido de impotencia, de incapacidad, de falta de autoestima y dignidad propia; porque todo ser humano tiene dentro de sí, lo entienda o no, el diseño de Dios de llegar a señorear sobre la creación de Dios.

—Antes de que sigas con tu explicación, permíteme ahora a mí, añadir mi entendimiento a lo que dices. Es por ese diseño de Dios que, aunque se encuentren innumerables razones del por qué sí está bien que reciba la ayuda, del por qué está bien que el gobierno le subsidie, etc.; por dentro su espíritu eterno, creado a la imagen de Dios, no le permite disfrutar de lo que recibe, porque le roba su verdadero valor y el poder descubrir su mayor potencial —respondió Mario convencido.

—Así es. La verdadera ayuda al pobre no consiste, por lo tanto, en la dádiva, en la limosna, sino en enseñarle cómo salir adelante por sí mismo, para que logre prosperar integralmente y proveerle los recursos, los instrumentos necesarios para que pueda hacerlo, poniendo el trabajo honrado y diligente que se requiere.

Es importante señalar que, aunque la Biblia ordena no olvidarse de los pobres, aunque Jesús mismo en su ministerio, a través de Judas el tesorero, ayudaba con ofrendas a los pobres, también dijo que a los pobres siempre los tendremos con nosotros y considera esto: Jesús no hizo nada por tratar de sacar a los pobres de su pobreza.

—¡Un momento! Aunque entiendo lo que me dices y respeto tu conocimiento, todavía hay cosas que no estoy listo a cambiar, así como así y esa última declaración de que Jesús no hizo nada para ayudar a los pobres, es una de esas cosas que tengo que retar y cuestionar.

—¡Cien por ciento de acuerdo! No esperaría

nada menos de ti. De hecho, recuerda que la misma Biblia nos exhorta a examinarlo todo y a no aceptar nada sólo porque la persona que lo dice goza de alguna fama o reconocimiento. Ahora bien, permíteme señalar, una vez más, el hecho de que oímos con ideas preconcebidas. En este caso específico, nota que tú entendiste que Jesús no hizo nada para ayudar a los pobres, declaración ante la cual yo mismo reaccionaría y acusaría de mentiroso a quien tal cosa dijera; sin embargo, lo que yo te dije fue que no hizo nada para sacarlos de su pobreza.

A enseñar la verdad a las personas para que ese conocimiento les haga libres...

—¿Cuál es la diferencia? ¿Acaso se puede sacar a alguien de su pobreza, sin ayudarlo?

—No, pero sí se puede ayudar, sin sacarlo de su pobreza y a eso es a lo que me refiero. Antes de que reacciones molesto por esa declaración, mantén en mente que yo también estoy abogando por los pobres. El punto que deseo señalar es el de que si se hiciera algo por sacar a un pobre de su pobreza, sin antes ayudarle a cambiar su forma de pensar, su autoestima y su actitud ante la vida seguirían en estado de pobreza, porque debe de cambiar el interior.

Si lo consideras, podrás darte cuenta de que los bienes adquiridos, sin trabajar por ellos, terminan perdiéndose, porque no ha habido el proceso de aprendizaje, desarrollo de responsabilidad y mayordomía para mantenerlos y multiplicarlos. De allí que lo que Jesús hizo y nos comisionó a hacer es: a enseñar la verdad a las personas para que ese conocimiento les haga libres *(Juan 8.32)* y al renovar su entendimiento puedan experimentar la buena voluntad de Dios para sus vidas *(Romanos 12.2)*.

—Debo asegurarme de estar entendiendo tu perspectiva —expresó Mario atento— tú no te opones a ayudar a los pobres, siempre y cuando la ayuda material sea temporal, mientras que al mismo tiempo se les esté enseñando a valerse por ellos mismos. Se me ocurre que tú estás hablando de unir los dos conceptos de aquella famosa ilustración: no se trata de dar un pescado, sino de enseñar a pescar y lo que tú dices es: dar el pescado, mientras se enseña a pescar.

—Yo no lo hubiera expresado mejor. En otras palabras, Jesús no sacó al pobre de su pobreza, sino que trabajó en sacar la pobreza del pobre, librarlo de su forma de pensar para que pudiera desarrollar la creatividad, que definitivamente tiene, porque es creado a la imagen de un Dios creador, es su descendencia.

Eso nos trae otra vez al punto de que, para ser esos buenos samaritanos, lo que necesitamos es gente con recursos, tanto económicos como éticos y morales, para que puedan ser los canales transmisores de esa clase de buenas nuevas a los pobres.

> *La meta no es hacer dinero, sino usarlo para desarrollar habilidades...*

—Ahora, ¿de dónde saldrán los recursos para poder ayudar a los pobres en esa manera? ¿Quiénes serán los canales o instrumentos que Dios pueda usar para cumplir ese anuncio de buenas nuevas? porque como te dije anteriormente, desafortunadamente, en la actualidad, los que tienen los recursos económicos no parecen tener la ética moral y los que tienen la actitud de compasión, no tienen los recursos económicos.

—Para darte una mejor respuesta, voy a citar otra vez el libro de Dennis; dónde él expresa:

«Si usted quiere la bendición de Dios garantizada sobre lo que está haciendo, tiene que tener como prioridad descubrir los dones de los que trabajan para usted, cristianos o no y atraerlos a que sean aquello para lo que Dios los creo, no sólo empleados sino miembros de la sociedad divina de "El Todopoderoso e Hijos". Ese es el evangelismo de economía. La meta no es hacer dinero, sino usarlo para desarrollar habilidades de carácter y relaciones con la gente; cosas que pasaran a las siguientes generaciones».

—¿Ves Eduardo? esa es una de las cosas que también me causan estupor; lo que Dennis dice sólo lo pueden practicar aquellas personas que tienen gente trabajando para ellas, en otras palabras, empresarios, profesionales y personas que tienen solvencia financiera, pero ¿qué hay de personas como yo, que todavía estoy luchando por sacar adelante a mi propia familia?

He participado en toda clase de seminarios y cursos financieros, con la intención de aprender qué más puedo hacer para mejorar mi condición, pero casi todos, aunque presentan el concepto de que Dios quiere que prospere y enseñan formas de administrar el dinero, de cómo hacer un presupuesto, de qué cosas evitar, tales como los préstamos, las sociedades, etc., terminan siendo provechosas para los que ya tienen recursos; pero a las personas que como yo, asisten con la intención de aprender cómo aumentar los ingresos, cómo tener lo suficiente para la familia, casi no nos dicen nada.

—Entiendo tu molestia, Mario. Comprendo perfectamente a lo que te refieres porque yo mismo he estado en esas circunstancias. Sin embargo, viendo en retrospectiva, ahora entiendo el porqué de esas enseñanzas.

Tanto Dennis, como los otros autores de libros, seminarios y cursos nos presentan las perspectivas desde el punto de vista de lo que debería ser nuestra realidad. Quiero decir que, si obedecemos la ley de Dios y vivimos conforme a sus principios, debemos prosperar y ser bendecidos, porque así lo declara Dios.

El evangelio que presenta la Biblia, al acatar sus enseñanzas y vivir de acuerdo a sus principios, hace libres a las personas, en todo aspecto, no sólo en lo espiritual; consecuentemente, quienes decidan seguir sus directrices, irán cambiando su forma de pensar y valorar las cosas, irán aprendiendo a sembrar correctamente, por muy poco que sea lo que tengan y de su cosecha, aprenderán a ahorrar, para luego tener como invertir de acuerdo a los principios del Reino de Dios y eventualmente, alcanzar la solvencia o libertad financiera.

—Eso suena lógico, pero, volvemos otra vez al tema, eso no es la realidad actual y trae confusión a las personas que como yo creen que están siguiendo las enseñanzas del evangelio y no están logrando ese crecimiento y desarrollo progresivo que acabas de mencionar.

—Lo sé —respondió Eduardo conciliador— y es precisamente por eso que estamos teniendo este diálogo, para ponernos de acuerdo en cuanto a donde queremos llegar y donde estamos en este momento. Esos dos aspectos son fundamentales, pero cuando en vez de verlos como los dos puntos o extremos de un mismo camino se ven como condiciones aisladas, se da la clase de confusión a la que aludes.

Comencemos por aceptar que lo que Dennis y los demás expositores presentan, es la meta a la que aspiramos llegar. Eso nos permitirá considerar sus enseñanzas y nuestra condición, como si estuviéramos viendo un mapa, sólo que ellos lo enfocan desde la meta, mientras que nosotros lo enfocamos desde la salida. Ambos hablamos de toda la trayectoria en general, pero sólo especificamos los detalles cercanos a nosotros.

Por ejemplo: ellos dan como ejemplo generalidades cómo las que mencionaste tales como no meterse en deudas, diezmar, sembrar, etc.; eso sería semejante a mencionar las ciudades importantes o los Estados que cruza la carretera. Luego, conforme se van acercando a la meta, se refieren a los puntos cercanos con más detalle, las ciudades pequeñas, villas o pueblos que están cerca de la meta. Eso sería semejante a ahorrar, hacer el presupuesto, invertir y negociar. En otras palabras, administrar los recursos que, en la primera parte de la trayectoria, se da por sentado que se han adquirido. Mientras que nosotros, mirando desde la salida a la meta, vemos los mismos Estados y ciudades principales que ellos, sólo que nuestra atención y necesidad es la de encontrar las calles y avenidas en los pequeños pueblos o villas que se supone nos llevaran a la carretera principal para emprender nuestro viaje.

—¡Excelente analogía! —respondió Mario emocionado— la entiendo perfectamente porque una vez pasé varias horas tratando de salir de una ciudad para encontrar la carretera y una vez en ella, el viaje fue fácil. La aplicación obvia es que, nosotros primero tenemos que entender, encontrar y aplicar los medios para generar fondos, no sólo para suplir nuestras necesidades básicas, sino para poder empezar a ahorrar e invertir, por muy poco que sea, en el proceso de multiplicar nuestros recursos. Después de eso, ya nos serán beneficiosas y aplicables las otras enseñanzas de los seminarios. Creo que has dado en el blanco, esa es nuestra situación y ahora viene la pregunta del millón ¿qué podemos hacer al respecto?

—Espera Mario, permíteme proponerte algo

antes de buscar tan anhelada respuesta. Veamos primero si estamos de acuerdo con lo que Dennis está diciendo y luego nos enfocamos en el cómo lograrlo, ¿qué te parece?

—No tengo ningún inconveniente. Vine a buscar tu consejo, por lo tanto, creo que te debo permitir elaborar todos los elementos que necesites para ayudarme.

—Muy bien —asintió Eduardo— regresando al tema, lo que Dennis menciona en su libro es el método para presentar un evangelio que no ofrece bendiciones sólo al morirse y llegar al cielo, sino que como el mismo Jesús dijo, provea una vida en abundancia aquí y ahora.

Dennis continúa diciendo:

«Imagínese el impacto que cinco mil o diez mil hombres de negocios con esa ética podrían tener en su nación. Ellos transformarían radicalmente lo que tocaran».

—Mira Eduardo, para usar tu misma analogía, lo que Dennis menciona es la meta final de un viaje bastante largo, por no decir utópico y aunque hubiese esa cantidad de empresarios éticos, no podemos esperar que los negocios tomen el lugar del evangelio para transformar una nación, ni que ellos vayan a estar dispuestos a dar a todas las organizaciones de beneficencia que les pidan ayuda.

—No tomes esa declaración de Dennis como algo utópico o idealista, es una gran realidad y se puede lograr. Tampoco lo descartes como algo secundario o ajeno al evangelio. Por el contrario, a través de la historia, los verdaderos avivamientos cristianos han afectado positivamente a la sociedad. De hecho, si no se afecta a la sociedad y a la nación, no se puede declarar estar en avivamiento.

Dios está buscando a esos hombres de negocios que estén dispuestos a trabajar con los principios

Sin embargo, regresando a la declaración de Dennis acerca del impacto que esos empresarios tendrían en la nación, no lo tomes como que se va a estar pidiendo dinero a los empresarios ricos para ayudar a los pobres, porque como el mismo Dennis continúa diciendo, no es olvidarse del beneficio de los que así actúen. Mantén en mente que estamos hablando de operar bajo principios bíblicos, lo que implica que, al satisfacer la necesidad de los pobres, no con limosnas ni sólo dinero sino que, con calidad de vida, esos empresarios, a su vez, cosecharan su recompensa.

Escucha como lo pone Dennis.

«A lo largo del camino, generarían bastante ganancia porque la gente nunca trabaja más duro que cuando trabajan para ellos mismos y su meta es la de conseguir, en su negocio, tanta gente como puedan trabajando para ellos mismos. Allí es donde se genera la ganancia».

Así que esa es la parte fundamental de la respuesta a la pregunta original que me hiciste: Dios está buscando a esos hombres de negocios que estén dispuestos a trabajar con los principios del Reino de Dios para hacer riquezas, pero no para poner su confianza en ellas, sino para usarlas en bendecir a su nación y al mundo entero.

—Muy bien, Me dijiste que primero me presentarías el punto presentado por Dennis para ver si lo aceptábamos como meta. Veo tu punto y el de Dennis, sin embargo, la respuesta sigue estando en manos de los que tienen los recursos, qué tal si pasas ahora a decirme como ser yo uno de esos que tienen los recursos.

—Muy bien, confío en que tienes el suficiente conocimiento para que cuando llegues a tener riqueza, la uses de esa manera y no caigas en el engaño de las riquezas que hace la Palabra de Dios inoperante. Vayamos directamente a los principios que deseo que conozcas.

Capítulo 6

La gran oportunidad

Si yo fuera rico ◆

6

—¡Si deseas prosperar, puedes hacerlo! Dios lo dice así en la Biblia, por lo tanto, el primer paso será ponernos de acuerdo con Dios y lo que revela Su verdad; es decir, no creas a los argumentos humanistas y religiosos que tratan de mantener a la gente en un estado de dependencia financiera, porque de esa manera, los mantienen bajo control. Recuerda: es Jesús mismo quien dice: «Buenas nuevas para los pobres» suponer que esas buenas nuevas son que cuando mueran no vayan al infierno sino al cielo, es desvirtuar las palabras de Jesús porque ese sería el mismo mensaje para los ricos y todo tipo de otras personas. Las buenas nuevas de nuestro Señor Jesucristo son para todos.

Además, al decir en el mismo contexto que las buenas nuevas se relacionan con «el año agradable del Señor», cuyo contexto claro es el año del jubileo en el cual se perdonaban todas las deudas, se recuperaban las posesiones empeñadas y se recibía la libertad incluso sobre la esclavitud, no se puede cometer el error de espiritualizar el mensaje.

—Entiendo Eduardo. Si yo pudiera prosperar financieramente, reconocería que es Dios dándome esa oportunidad, no sólo para que mejore mi propia situación familiar sino para que me convierta en instrumento a través del cual cumplir esas palabras de Jesús. Conozco que la Biblia dice claramente en *Deuteronomio 8.18*: *«Al contrario, acuérdate de Jehová tu Dios. Él es el que te da poder para hacer riquezas, con el fin de confirmar su pacto que juró a tus padres, como en este día».*

~

...reconocería que es Dios dándome esa oportunidad

~

—¡Excelente Mario! permíteme tomar ese texto que citas para llamar tu atención a dos cosas; la primera es que la Biblia dice que Dios da el poder, los medios, la oportunidad para hacer la riqueza, no la riqueza misma y la segunda aclara que la razón de dar esos medios y que se adquiera la riqueza es con el fin, con el propósito, con la razón de que se use para confirmar su pacto. De hecho, en el pacto Dios dice que, si se le obedece, no estaríamos en situación económica apretada sino por el contrario, estaríamos en la condición de brindar a otros.

—Conociéndote como lo hago, sé que quieres que no ponga mi atención en buscar las riquezas mismas, sino en reconocer una oportunidad de prosperar financieramente, no como mi buena suerte o el resultado de mi inteligencia, sino como un medio que Dios me da para adquirir riqueza.

—Así es —afirmó Eduardo— porque ya no estamos tratando meramente de conseguir sustento y abrigo, sino riqueza, con el fin de que seas instrumento en establecer el pacto, seas canal de bendición para los pobres y consecuentemente, bendigas a la nación.

—Debo confesar que, aunque entiendo lo que dices y que, aunque lo veo como algo especial, poder ser canal de Dios para bendición y ayudar a cientos y miles de personas que están en situación semejante o peor que la mía, todavía me parece estar muy lejos de la realidad, pues ni siquiera he resuelto mi propia condición. Sin embargo, con base en lo que me has dicho y en lo que conozco de las escrituras, también puedo entender que es dando como se recibe y es sembrando como se cosecha; estoy dispuesto a considerar esta plática contigo, como una llamada de atención a mi enfoque original y a expandir mi visión para ya no sólo buscar salir adelante con mi familia, sino que convertirme en un elemento de cambio para varias otras familias y ayudar así, a que mejore toda la nación.

—Siendo así, permíteme presentarte una de esas oportunidades. De hecho, la oportunidad que John E. Sestina, reconocido como el planificador financiero del año, el Wall Street Journal, periódico dedicado al aspecto de negocios, revistas como «Entrepreneur» y «Money» también enfocadas a los negocios y oportunidades financieras, universidades de renombre como Yale y Harvard, están señalando y enseñando como la mejor forma de hacer dinero. Además, profesionales bien establecidos en sus diferentes ramas están dedicándose a esta oportunidad porque, aunque sus profesiones les dan reconocimiento y reputación, no les dan riquezas.

—¿Cuál es esa oportunidad? porque en la forma que lo pones, suena como que fuera la oportunidad de la vida; pero por el otro lado, si es tan grande y si la están enseñando en todas esas universidades, ¿por qué no es tan conocida? Al menos, yo no sé de nada así de tremendo. Más que algo de conocimiento público, se asemeja a un tesoro escondido.

—Nuevamente, tienes razón. Esta oportunidad es un tesoro escondido, pero no en una isla remota, ni entre peligrosas selvas llenas de animales salvajes y peligros indecibles, el tesoro está escondido en la mente de la gran mayoría de las personas. Son los patrones de pensamiento y el sentido de valores establecidos los que hacen que las personas oigan y observen esta oportunidad, pero decidan que no es la respuesta que están buscando. Permíteme aludir otra vez a las palabras del Sabio Salomón, la Biblia advierte que no hay nada nuevo bajo el sol. Son innumerables las historias de gente que han dejado su tierra y su casa para emprender la búsqueda de riquezas en otras tierras para luego resultar que el tesoro estaba en su propio patio.

> ∼
> *Esta oportunidad es un tesoro escondido*
> ∽

La oportunidad a la que todos los personajes e instituciones citadas anteriormente aluden y que ha sido el instrumento u oportunidad que Liam y yo usamos para salir adelante es la llamada «**mercadeo en red o mercadeo a múltiple nivel**».

—¡Vaya Eduardo! Me tenías sentado al borde de la silla, con la expectación de que estaba por escuchar el secreto más grande del mundo y ahora, para ser honesto, me siento como un globo al que abrieron un pequeño agujero y que se empieza a desinflar poco a poco.

> ∽
> *Tú tienes el fruto para hablar con autoridad, mientras que yo sólo tengo ideas, conceptos y opiniones...*
> ∾

—Quisiera decirte que me extraña y me sorprende tu actitud, pero tristemente no es así. Son tantas las experiencias que tengo de tratar de explicar a personas esta oportunidad y de recibir semejantes respuestas como la tuya.

—No te ofendas —pidió Mario afligido— y por favor, no me lo tomes a mal. Comprendo que el problema me lo he causado yo mismo porque anticipaba que la respuesta sería algo diferente.

—¿Puedes ver ahora por qué te dije que el tesoro está escondido en la mente? Intenta razonar. Viniste conmigo porque tengo un estilo de vida que tú quisieras tener. Te parece que no tengo nada sobrenatural que tú no tengas y, por consiguiente, si yo pude salir adelante financieramente, tú también puedes.

Además de la evidencia que tienes de mi propia persona, has estado de acuerdo en los diferentes puntos de vista y en las declaraciones que te he presentado de otros personajes y de la misma Biblia. Has aceptado que tu forma de ver las cosas era diferente y que reconocías la necesidad de renovar tus pensamientos; sin embargo, cuando llega la hora de afrontar la realidad, pesan más tus sentimientos y tus ideas, aunque tú mismo aceptas que no te han sacado adelante, que todas las evidencias que habías declarado entender.

–Es curioso —replicó Mario— a todo lo que acabas de decir, le puedes añadir que también estoy de acuerdo con tu diagnóstico, y aun así, la emoción y entusiasmo que nuestra plática había despertado en mí ya no es la misma. ¿Qué puedo hacer? Quiero creerte y aferrarme a la idea de que puedo ser libre financieramente para convertirme en uno de esos personajes que influyen en el cambio de su sociedad, para saber que mi vida cuenta más allá de ser un proveedor de bienes a mi familia.

—Entonces, permíteme volver a los elementos que ya cubrimos antes pero que tú estabas oyendo con ideas preconcebidas y por eso no los captaste. En primer lugar, cualquier respuesta que recibas para alcanzar la solvencia financiera que no incluya trabajo, es una mentira. En segundo lugar, cualquier método de enriquecerte rápido, a la larga te terminará endeudando más y, en tercer lugar, Dios no suple el producto final, sino la materia prima y las herramientas para que consigas el resultado final con tu trabajo y diligencia.

—Sé que tienes razón y aunque momentáneamente, me desinflé emocionalmente, la evidencia persiste. Tú estás donde yo quiero estar, tú tienes el fruto para hablar con autoridad, mientras que yo sólo tengo ideas, conceptos y opiniones de personas que no están donde tú estás y de cosas infundadas que he oído. Adelante, continúa explicándome cómo funciona ese sistema de mercadeo.

—Muy bien, si vuelves a ponerte en mis manos y me permites ser el conductor, quiero presentarte primero, algunos datos que debes conocer sobre este sistema de mercadeo porque recuerda que la forma de derribar los argumentos en tu mente es confrontándolos con la verdad.

En el libro *Los ricos y los súper ricos,* considerado un **best seller**, el autor dice que los días de acumular riquezas se han acabado. Ese libro se escribió en 1968, pero La revista *Money,* especializada en finanzas dice que el número de personas que se dedican al mercadeo a nivel múltiple y que han ganado por lo menos un millón de dólares, se ha duplicado de 1976 a 1980.

¿Cuál fue la razón principal del error del autor? Para él, el futuro se veía sin esperanza porque se enfocaba en los métodos tradicionales de hacer dinero y descartó o ni siquiera consideró el mercadeo a nivel múltiple, porque para ese entonces no había tomado la preeminencia que ahora tiene.

De acuerdo a un informe de la Reserva Federal de los EE.UU., el país contaba con más de millón y medio de millonarios, 6 veces más de los que había 20 años atrás. Por lo tanto, los temores del autor han sido infundados y la razón principal ha sido ese cambio de paradigma en cuanto a la forma de hacer negocios.

–Veo que no estoy solo en mi ignorancia o incredulidad acerca de esa clase de negocios —respondió Mario, en espera de que Eduardo le ampliara el panorama.

—No y como te dije anteriormente, más de 200 Universidades incluyendo la de Harvard, enseñan a sus alumnos el mercadeo a múltiple nivel, como la mejor forma de aumentar sus ingresos.

—Pero ¿significa eso que sólo universitarios o gente que ha tenido un inicio relativamente fácil o que proceden de familias pudientes son las que pueden salir adelante?

—La respuesta es no —respondió Eduardo enfático— una vez más. La revista *U.S. News and World Report* publicó que el 80% de los ricos proceden de familias trabajadoras. En cuanto a la necesidad de la educación, reporta que el 15% de los millonarios ni siquiera terminaron la secundaria y en cuanto al concepto de no ser profesional, los doctores gozan de buena reputación, pero hay vendedores que ganan más que ellos. La mayoría de profesionales que han ganado mucho dinero, lo han hecho por inversiones o han tenido negocios fuera de su profesión. Es decir, diversificaron sus ingresos. Otro artículo de la revista *News and World Reports* informa que el 85% de todos los millonarios nunca trabajaron para una gran empresa, son dueños de su propio negocio o tienen sociedad con empresas privadas.

—Permíteme preguntarte algo —interrumpió Mario interesado— aunque los datos que me presentas aclaran la posibilidad de prosperar, sin tener las cosas que tradicionalmente se han considerado como elementos clave para el éxito, ¿eso no significa que los que lo han alcanzado ha sido a través del mercadeo en múltiple nivel?

—No, no necesariamente; sin embargo, considera esta encuesta hecha en 1982:

La Asociación de Ventas Directas dio a conocer un estudio exhaustivo de la industria de ventas directas. Este estudio, preparado por Hoye, Graves, Bailey y Asociados, una firma de contadores, cubre el año de calendario de 1982. En total, las compañías en ventas directas incluidas en esta encuesta representan el equivalente de ventas al consumidor en Estados Unidos de aproximadamente $8,5 mil millones durante 1982 ($8,8 mil millones en 2018). 92% de los vendedores en la encuesta eran contratistas independientes, mientras que 8% eran empleados por una compañía. 75% trabajaban parte del tiempo en su programa de ventas, mientras que 25% trabajaban a tiempo completo (30 o más horas por semana).

En categoría de productos, se halló que 58,5% eran de cuidado personal, 25,5% en productos de cuidado y servicios del hogar y la familia, (84% en total de esas dos categorías) 9% en productos de recreación y educación, 4% en mejoras del hogar y 3% en misceláneos. (Según la «Amway Media Guide 2019», los porcentajes actuales hoy son: 52% nutrición, 26% belleza y cuidado personal, 20% cuidado del hogar, 2% productos misceláneos).

—Permíteme discernir lo que me estás diciendo.

En primer lugar, señalas que la fuerza laboral eran vendedores independientes que trabajaban sólo parte de su tiempo; es decir que podían tener un trabajo a tiempo completo y complementar sus ingresos con esas ventas directas. En segundo lugar, por si quisiera ponerte el argumento de que no soy vendedor, señalas que los productos, en su gran mayoría, son productos de uso diario que la gente sí está convencida de comprar sin que se le tenga que convencer de su necesidad o conveniencia de tenerlos.

Asumo que las ganancias van en proporción al riesgo involucrado.

—Exactamente. De hecho, John Sestina, nombrado el planificador financiero del año por dos prestigiosas organizaciones económicas, ha dicho que todos los años él investiga miles de oportunidades de negocios e inversiones y que nunca ha podido recomendar más de siete y que la mejor es la de mercadeo en red, porque una de las grandes ventajas de ese sistema sobre el trabajo tradicional o las inversiones, es que no se requiere de alguna educación avanzada o de algún capital inicial para iniciar tu propio negocio. Como lo mencionado anteriormente, entre los ricos de la actualidad se encuentran personas sin la educación secundaria y sin haber tenido un capital inicial para desarrollar su empresa.

—Muy bien —respondió Mario— añado a los elementos de juicio que me estás presentando, el hecho de que no se requiere una gran cantidad inicial y por lo tanto, no hay mayor riesgo involucrado; pero, ¿qué tantas ganancias puede dejar una empresa tan pequeña que no requiere mucha inversión? Porque asumo que las ganancias van en proporción al riesgo involucrado.

—No lo creas, todos los personajes y empresas mencionados anteriormente también estuvieron de acuerdo en que la compañía que es líder en el sistema, es la Corporación Amway. (En el artículo titulado «America's Largest Private Companies List» Forbes.com de 2019, Amway figura en el puesto #42 de 230, con un ingreso anual de $8,6 mil millones). Es por eso que se ha convertido en el mejor vehículo para aquellos que deciden utilizarlo para alcanzar sus sueños, porque facilita tremendamente la participación, manteniendo la inversión inicial accesible a cualquier persona que tenga la voluntad de trabajar por su libertad.—Es curioso. Tú eres mi amigo y respeto tu opinión. Te escucho hablar bien de esa empresa de la cual no sé mucho, excepto los comentarios, en su mayoría negativos y nuevamente experimento inseguridad. Sin embargo, así como concluimos en cuanto a que tú tienes el fruto mientras que los otros que argumentan no, creo que es más sabio y más lógico aprender de alguien que está involucrado y bien enterado, que de las personas que se han formado opiniones con base, únicamente, en cosas que han oído, sin documentarlas o sin verificarlas. Adelante.

—Sí, son varias las personas que no saben de la empresa y sólo han oído comentarios al respecto; permíteme decirte que sus fundadores son personas temerosas de Dios, que reconocen la bendición de Dios y usan sus riquezas para esparcir las buenas nuevas a los pobres. Sus familias son ejemplares y promueven la enseñanza bíblica del matrimonio y la familia. Sus vidas y empresa están abiertas al escrutinio de la ley y son ejemplares, aunque no obstante, siempre habrá los que inventan y murmuran sin conocer la verdad y los tontos que les creen, sin indagar antes los hechos. Además, recuerda el hecho de que por ser una empresa mundial y creciendo aún más, no se puede evitar que algunas personas en la empresa, en algún país, sean egoístas o hipócritas, pero eso no debe aplicarse a la empresa o al sistema, sino debe de juzgarse a cada persona de forma individual en la gran esfera mundial de negocios de Amway.

–Tienes razón. Precisamente en estos días, estábamos discutiendo el ejemplo más claro del poder de la difamación; nuestro Señor Jesús dio su vida para redimir a la humanidad y dejó un sistema, un medio, un camino, un mensaje para proclamar ese amor y buenas nuevas a la humanidad. ¿Podrá alguno dudar del amor, de las buenas intenciones y del mensaje de Jesús? obviamente no; pero por desgracia, hay corruptos, hipócritas, egoístas y falsos representantes que usan ese amor y ese mensaje para su propio beneficio.

—Correcto, pero expandamos la aplicación aún más, porque así como el abuso y corrupción de algunos no nulifica el amor de Dios ni le resta poder a su mensaje, de igual manera, la red de mercadeo es un sistema probado y la Corporación Amway sigue bendiciendo a millones con su programa de mercadeo a múltiple nivel.

—Eduardo, mencionaste que ese sistema de mercadeo se enseña en varios establecimientos educativos, ¿te referías al sistema de la corporación Amway?

—No específicamente; aunque Amway es la precursora y la que ha abierto el camino para las demás organizaciones, el sistema del mercadeo a múltiple nivel es mucho más antiguo que eso. De hecho, podría decirse que aún el sistema cristiano del discipulado es una forma de red de múltiple nivel. Lo que quiero decir es que los primeros discípulos enseñaron la verdad a unos y éstos a su vez la compartieron con otros y los círculos de relación se fueron haciendo cada vez más amplios y abarcando cada vez más personas en los siguientes niveles de relación.

—Comprendo la analogía, pero podrías comparar ese sistema de Amway con algo más conocido en el aspecto de negocios.

—Muy bien, lo puedo ilustrar tomando algunos conceptos de lo que enseña el INCAE y aplicándolo a Amway para que te formes una idea más clara. Para poder completar la comparación, se requerirá mencionar otras fuentes de recurso o apoyo entre las muchas y variadas que pueden existir, yo haré alusión a un sistema porque en sus políticas de ética personal, también mantiene en alto los mismos valores que los fundadores de Amway, es decir los principios bíblicos.

—¿Quieres decir que ese sistema es algo ajeno a Amway?

—Así es. Amway, para mantener la mejor oportunidad para todo el mundo no puede limitarse a trabajar sólo con un sistema, ni enunciar una posición de índole religiosa, porque eso se consideraría discriminatorio.

Eso no significa que los fundadores, como personas, no como empresa, no manifiesten sus convicciones personales y su total fe y devoción a Dios y a su Señor Jesucristo.

—¿Y que de ese sistema? ¿También declara su fe en Dios como individuos, aunque no lo hagan como sistema empresarial? —interrogó Mario con auténtico interés.

—De hecho, en reuniones que no son para presentar el plan de negocios, sino para equipar y motivar a las personas que ya conforman la red, es muy natural escuchar los consejos de que quienes no aprendan a guiar sus vidas de acuerdo a las normas de Dios, declaradas en la Biblia, no podrán alcanzar la verdadera prosperidad o prosperidad integral. Podrán ganar dinero, pero no la felicidad, la paz, la seguridad y la unidad familiar que sólo vienen de acatar las enseñanzas de la Palabra de Dios.

–Suena increíble y muy diferente a lo que había escuchado y me empieza a gustar la idea de participar en algo así. Por favor, continúa e ilustra cómo opera el sistema.

Será un placer —respondió Eduardo— acompáñame a un viaje ilustrativo hacia el sistema de la gran corporación Amway

Capítulo 7

AMWAY: el sistema

7

∾

INCAE

Instituto Centroamericano de
Administración de Empresas.

LA RED DE ESLABONAMIENTO ESTRATEGICO

Definiciones principales

Los actores:

Toda empresa u organización está ubicada en un entorno en el cual operan otros *actores* individuales u organizacionales. Dentro del cúmulo de actores que operan en el entorno, nos interesan para efectos de análisis del entorno solamente, aquellos cuyas acciones pueden afectar el desenvolvimiento de la organización.

Los actores pueden agruparse en seis categorías que corresponden a seis diferentes tipos de funciones principales desempeñadas por el actor con relación a la organización protagonista.

1. Las fuentes de recursos operativos.

   En este caso Amway

2. Las fuentes de recursos de apoyo.

   Además de Amway, un sistema de capacitación.

3. Los distribuidores o intermediarios.

   Tú, el Distribuidor

4. Los clientes o beneficiarios.

   Clientes o Socios Auspiciados

5. Los competidores.

   El Sistema Secular de Trabajos

6. Y el gobierno y los entes regulares.

   Gobierno Nacional

Los recursos operativos: para una organización son aquéllos sin los cuales la organización no puede llevar a cabo sus actividades. Por ejemplo, materias primas esenciales, *No sólo los productos Amway, sino que varias empresas de renombre y varias otras que se quieren añadir.*

Financiamiento para gastos de funcionamiento, *actualmente, un respaldo billonario y pronosticado de que Amway será la empresa más grande de los EE.UU.*

Planta física (o tierra, en el caso de actividades agrícolas), *Amway invierte millones en oficinas y tiendas abastecedoras en los diferentes países donde está.*

Autorización gubernamental para llevar a cabo sus actividades. *Amway opera por principios bíblicos de orden y respeto a las leyes, no soborna a las autoridades de ningún país para entrar al mercado nacional y ellos personalmente van y tratan con el gobierno antes de abrir una sucursal en el país.*

Amway opera por principios bíblicos de orden y respeto a las leyes

Personal operativo, etc. *Amway contrata, equipa y mantiene al personal.*

Los recursos de apoyo: para una organización son aquellos sin los cuales la organización, a pesar de estar en capacidad de efectuar sus actividades, no es capaz de llevar a cabo a niveles adecuados de eficacia (logro de metas a nivel satisfactorio) o de eficiencia (en el uso de recursos para el logro de las metas). *En este caso, además de los recursos propios de Amway, el sistema de capacitación produce e imparte herramientas de desarrollo, entrenamiento y métodos de operación.*

Por ejemplo, tecnología actualizada de producción, recursos gerenciales calificados, financiamiento para renovación de equipo, imagen pública de prestigio, apoyo gubernamental para mejoramiento de la calidad de los procesos o productos, etc.

El sistema de capacitación, al Igual que la misma empresa de Amway, proveen libros, CDs, videos, reuniones de equipamiento, seminarios, talleres etc.; los diamantes y otros personajes de éxito comprobado presentan la imagen pública de prestigio y el testimonio de los países que abren sus puertas respalda el apoyo gubernamental.

La diferencia conceptual entre recursos de operación y recursos de apoyo es fácil de establecer: para que una organización opere, se necesitan solamente los primeros, mientras que para que opere con éxito sostenido se requiere también de los segundos.

Cualquiera podría convertirse en vendedor de los productos Amway y ganar dinero, pero para alcanzar la libertad financiera se necesita el apoyo de un sistema de mercadeo, así como el mismo de Amway y el sistema de capacitación.

Los **distribuidores o intermediarios** *En este caso eres tú con tu empresa privada.* son aquellos actores a través de los cuales se hace la entrega a los **clientes o beneficiarios** *Aquí se refiere a los distribuidores auspiciados por ti o a los clientes directos que tengas.*

De los bienes o servicios que produce la organización. *Los testimonios abundan de cómo, además de los excelentes productos, la meta de la empresa no es sólo el ganar dinero, sino restaurar familias y bendecir a la nación.*

Las relaciones

Existen **relaciones** entre los actores y la organización que determinan el tipo de interacción que tiende a ocurrir entre ellos.

En primer término, con respecto a posición de las partes involucradas podemos distinguir entre relaciones **centrales** y relaciones **laterales:** Las centrales son aquellas relaciones entre la organización y los otros actores, *La relación central tuya es con Amway,* mientras que las laterales serían aquellas relaciones entre los otros actores, sin involucrar directamente la organización. *En este caso, las líneas ascendentes, descendentes y paralelas del sistema de capacitación.*

En segundo lugar, con respecto a la forma en que la relación es percibida por las partes, ésta puede ser antagónica, competitiva o cooperativa.

Es **antagónica** cuando la relación entre las partes es percibida como un juego de **suma negativa** en que **ambos jugadores pierden,** tal como en el caso de la lucha armada, en el cual cada parte está dispuesta a sufrir daño, siempre y cuando pueda infringirle daño a la otra parte.

Este no es el caso en Amway ni el del sistema de capacitación, pues tú no arriesgas absolutamente nada en la Empresa. No se requiere una inversión económica para comprar la franquicia o derecho de trabajar y aún la adquisición del material (Kit) que necesitas para iniciar tu negocio está sujeta a una satisfacción total, con un período de tres meses para su estudio y evaluación, en el cual puedes devolverlo y recuperar tu dinero.

Es **competitiva** cuando la relación es percibida como un juego de **suma cero**, en el cual sólo **es posible ganar en la medida en que la otra parte pierde,** como en el caso de una negociación sobre el precio de un bien, en la cual lo único que se negocie sea el precio a ser pagado.

Tampoco es este el caso, sino exactamente lo opuesto, pues al respetar el sistema y el diseño original de los fundadores, tú no puede ganar si las otras personas no ganan.

Amway es un sistema de gente ayudando a gente a ayudarse a sí misma.

Es **cooperativa** cuando la relación entre las partes es percibida como un juego de **suma positiva**, en la cual es viable obtener un resultado en el cual **ambas partes ganen,** como en el caso de un contrato colectivo de trabajo, en el cual tanto la gerencia como los trabajadores consideren que están en mejor posición que antes de la firma del contrato.

Rich DeVos, cofundador de Amway lo describe

bien al decir que Amway es un sistema de gente ayudando a gente a ayudarse a sí misma.

Además, el sistema de capacitación enseña que la forma de prosperar es ayudando a otros a prosperar primero y abiertamente proclama los principios bíblicos de sembrar para cosechar y dar para recibir.

En tercer término, con respecto al poder o influencia entre las partes, la relación puede ser de dominio, de interdependencia o de independencia.

Es de **dominio** cuando el comportamiento de una de las partes es muy influenciado por el comportamiento de la otra, pero no viceversa. *La relación entre Amway y el sistema de capacitación es más de amistad, basada en los mismos valores éticos y familiares, no hay tal influencia de dominio. En cuanto a la persona auspiciada, ella es su propio jefe, nadie le puede ordenar o requerir que haga o adquiera algo que no quiera.*

Es de **interdependencia** cuando el comportamiento de una de las partes es influenciado por el comportamiento de la otra y viceversa. *Éste sí es el caso; no sólo hay interdependencia entre Amway y el sistema de capacitación; sino que, entre el* *sistema y tú, el Empresario. De hecho, la red no funciona correctamente si no se practica la interdependencia.*

Es de **independencia** cuando el comportamiento de cada una de las partes no es influenciado (o lo es muy poco) por el comportamiento de la otra. *La independencia total no existe, lo que sí hay es un gran respeto al derecho y la responsabilidad personal.*

Los canales de información

Existen **canales de información** acerca de lo que ocurre en el entorno o lo que podría ocurrir, a los cuales puede la organización tener o no tener acceso.

Estos canales pueden ser de **dominio público** si la información está públicamente disponible (por ejemplo, en los medios de comunicación masiva y en las publicaciones) o de **dominio privado** si no lo está.

Amway ha sido sometida a diferentes investigaciones y tiene sus puertas abiertas a aquéllos que deseen verificar su funcionamiento. Sin embargo, se puede decir que tiene las dos clases de información, no porque oculte alguna sino porque el trato es más personal con los miles de miles de distribuidores a quienes envían revistas informativas y reportes de nuevos productos etc.

En el caso de los canales de información privados, éstos pueden ser **restringidos** si la información está disponible sólo para cierto grupo específico de actores o **accesibles,** si está a la disposición de cualquier actor interesado en incurrir en los costos de obtener la información respectiva. *En el caso de Amway, toda la información es accesible.*

La red de eslabonamiento estratégico.

Es el conjunto formado por los actores, las relaciones y los canales de información, tal como han sido descritos anteriormente.

Se ha denominado *red* para usar la analogía gráfica de una serie de elementos que están entrelazados entre sí, como esperaría uno que estuviera relacionada la empresa con los principales actores en su entorno.

El término **eslabonamiento** trata de indicar la función de ligar o eslabonar los componentes de la red con la empresa, logrando así que la empresa y los principales actores del entorno (la red) estén unidos en un todo integrado, al menos desde la perspectiva de las funciones de cada uno con relación a la empresa.

Es de orden **estratégico** debido a que permite examinar y decidir acerca de la naturaleza de los principales vínculos y alianzas de la empresa en su entorno y, por ende, hace parte de las decisiones estratégicas de la empresa.

Amway y el sistema de capacitación, además de ser una red de eslabonamiento como la descrita aquí, promueve y desarrolla algo más importante que los servicios y bienes materiales, una actitud de vida, una mentalidad de decoro y valores éticos y morales entre sus participantes, produciendo así una influencia positiva en la vida privada del empresario/ Distribuidor, en la de su familia, en la de las demás relaciones interpersonales y consecuentemente, en la de su nación.

Tal relación no sólo es eslabonada, sino estratégica pues no la limitan ni las fronteras nacionales.

La perspectiva de la red

Utilizando los conceptos que han sido definidos en la sección anterior, una empresa comercial puede ser vista desde la perspectiva de su ubicación en el medio ambiente en la forma esquemática que se presenta en la gráfica. En ella se presenta la red de relaciones.

Papel en el éxito de la empresa:

Resulta claro que una empresa no podrá operar con éxito en su medio ambiente durante un período prolongado si no logra desarrollar: relaciones estables y mutuamente beneficiosas con los actores clave de la red, *Los años y el crecimiento continuo, no sólo en EE.UU. sino internacionalmente hablan del éxito y futuro de la empresa,* y el sistema de información acerca del entorno en que opera. *El entorno de Amway y el Sistema de capacitación son internacionales y crecen, día a día, en su tecnología y efectividad.*

Por ejemplo, es obvio que si la empresa no logra relaciones estables y mutuamente provechosas con sus abastecedores de recursos financieros o de materias primas no podrá operar con éxito por un período prolongado de tiempo.

El principio de sembrar y cosechar se hace evidente en la empresa y en el sistema; tanto Amway como el sistema de capacitación descansan en el desarrollo de relaciones saludables no sólo entre los participantes, sino que entre sus familias.

En resumen, se puede esperar que la red de eslabonamiento estratégico requiera un período prolongado de tiempo e inversiones importantes para su formación, su desarrollo y su mantenimiento y que tenga alta influencia en explicar el grado de éxito alcanzado por la empresa en el largo plazo.

El resumen, Amway y el sistema de capacitación ya pasaron ese período prolongado de tiempo y de inversiones astronómicas por lo que han desarrollado la empresa que está pronosticada ser la numero 1 entre todas las empresas, tanto privadas como públicas.

Tú tienes ahora la oportunidad de formar tu propia empresa privada, sin riesgos ni inversiones, por medio de convertirte en uno de los eslabones en la red más exitosa y prospera que existe.

—Como podrás darte cuenta, sí es posible convertirse en canal de Dios para llevar bendición, primero a tu familia y luego a la nación, por medio de prosperar en una de las oportunidades o medios que Dios provee para ello.

—Gracias Eduardo, es bastante iluminadora esa comparación. Supongo que habrá varias otras cosas que me podrás decir, pues en la comparación sólo te limitaste a lo que era pertinente.

—Desde luego. No era mi intención responder a todas las dudas que puedas tener, ni explicar todo del sistema de mercadeo en red, sino sólo mostrarte que sí hay forma de salir adelante, aunque el sistema mundial económico se esté hundiendo, porque Dios no depende de ese sistema. Hay una oportunidad para ti y como puedes ver, requiere trabajo. No estoy hablando de suerte, trucos o artimañas de explotación. El sistema de Dios es el de trabajo duro y honrado el cual Él pueda bendecir y multiplicar cuando se trabaja aplicando Sus principios explicados en la Biblia.

—Eduardo, al igual que yo, hay varias personas que, por diferentes razones, tienen dudas en cuanto a la legitimidad de la empresa o a lo bíblico del sistema, ¿tienes material escrito o audible para que ellas puedan investigar por sí mismas y lleguen a tomar su propia decisión?

—Definitivamente sí, pero creo que aún antes de mostrarte lo que otras personas han dicho al respecto, será saludable ir a los mismos fundadores y aprender de ellos sobre qué bases edificaron la empresa. ¿Qué te parece?

–¡Excelente! ¿Qué mejor evidencia que la declaración de las familias fundadoras? Después de eso, cualquiera que se atreva a decir lo opuesto, estará acusando a los fundadores de mentirosos y estará cometiendo difamación de carácter; más le valdrá tener pruebas y no esconderse cobardemente en el anonimato.

—A continuación reproduzco el folleto: *«Los Fundamentos Para la Excelencia»* que te mostrarán las bases sobre las cuales fue fundada y opera la empresa Amway.

Capítulo 8

AMWAY: Los fundamentos para la excelencia

«Se necesitan bases muy sólidas y firmes».

Las familias fundadoras están convencidas de que es vital para quienes pertenecen al mundo de Amway, conocer la filosofía que es la base de las operaciones del negocio.

Conociendo estos principios y valores, tanto los distribuidores Amway como los empleados podrán desarrollar un trabajo en equipo sobre los más altos estándares de la excelencia y construir el éxito a largo plazo.

A continuación, presentamos la filosofía Amway.

La **VISIÓN** significa nuestra meta primordial. La **MISIÓN** es la definición de quiénes somos y qué hacemos.

Los principios de los fundadores son las bases sobre las cuales Rich DeVos y Jay Van Andel construyeron el negocio de Amway y que creemos que constituyen un fundamento básico para desarrollar una vida llena de sentido.

Los **VALORES** son los estándares esenciales para operar el negocio Amway. En general, los puntos arriba mencionados constituyen los **FUNDAMENTOS PARA LA EXCELENCIA**. Queremos compartirlos contigo y así alcanzar día a día la **VISIÓN**: ser la mejor oportunidad de negocio en el mundo.

(Firman Steve Van Andel (Director) y Dick DeVos (Presidente))

Visión

Ser la mejor oportunidad de negocios en el mundo.

Misión

A través de la asociación entre distribuidores, empleados y las familias fundadoras ofrecemos a todas las personas la oportunidad de lograr sus metas, apoyados en el plan de ventas y mercadeo Amway y la comercialización de productos de servicio y calidad.

Fundamentos

Principios

Rich DeVos y Jay Van Andel edificaron el negocio sobre cuatro principios en los cuales ellos y sus familias creen:

La libertad

La libertad es nuestro estado natural y el ambiente más favorable en el cual es posible vivir, trabajar, obtener logros y crecer.

La libertad da cabida a nuestra creencia en Dios y a la oportunidad de forjar una vida con sentido y propósitos.

El negocio Amway reconoce, apoya y amplía la libertad, tanto personal como económicamente. Sabemos que es nuestra responsabilidad asegurar, proteger y mantener la libertad, porque es el estado ideal del hombre.

La familia

La familia es nuestra principal estructura social,

es quien provee de amor y cuidados a cada uno de sus integrantes, les da herencia y un legado del cual pueden sentirse orgullosos.

La familia nos proporciona un conjunto congruente de valores y un marco para el crecimiento y la habilidad de luchar como individuos.

...la acción compartida de dar y recibir.

El negocio Amway respeta y apoya a la familia y el mejor ejemplo es el Consejo de Políticas de Amway y la importancia que damos a nuestra «familia» en los negocios Amway. Cada uno de los distribuidores forma parte de esa familia.

La gratificación

La gratificación implica la acción compartida de dar y recibir. Nos ayuda a crecer. Hay muchas formas de ser gratificados. A un nivel básico, se trata de ser reconocidos y admirados como personas; también significa ser reconocidos por nuestros propios logros y contribuciones y ser recompensados por los esfuerzos personales cuando alcanzamos una meta.

La gratificación ayuda a que florezca la

productividad, dando término a una acción e ímpetu para realizar una nueva acción en un círculo infinito.

La gratificación es parte integral del negocio Amway y nos ayuda a crecer como personas y como empresarios.

La esperanza

La esperanza nos da la fuerza para transformar nuestra vida de manera positiva, es una energía que nos permite tener sueños, establecer metas y obtener grandes logros.

Al ofrecer la esperanza, abrimos ventanas de posibilidades para otros y es por eso que Amway apela tan significativamente a las necesidades y sueños de las personas en todo el mundo.

Valores

Son las normas esenciales y fortalecedoras en las cuales no existe concesión alguna, ya que mediante estos valores, operamos el negocio Amway con ética y éxito.

Asociación

Amway se encuentra edificando sobre el concepto de asociación, comenzando por la asociación entre los fundadores y sus familias, distribuidores y empleados. Es nuestro capital más preciado. Siempre tratamos de hacer lo que a largo plazo sea lo mejor para nuestros socios de manera tal que aumente la confianza.

El éxito de Amway recompensará a todos los que hayan contribuido a lograrlo.

Integridad

La integridad es esencial para el éxito de nuestro negocio. Hacemos lo que es correcto, no sólo lo que funciona. El éxito no sólo se mide en términos económicos, sino mediante el respeto, confianza y credibilidad que logremos ante la comunidad. Cuidamos, ante todo, el progreso y el logro de las metas individuales y de grupo de manera continua, para que todos se sientan parte integral de Amway.

> *Hacemos lo que es correcto, no sólo lo que funciona.*

Valor personal

Reconocemos la singularidad de cada individuo. Cada persona merece respeto, un trato justo y la oportunidad de alcanzar el éxito, basado en el desarrollo de su máximo potencial.

Obtención de logros

Luchamos por la excelencia en todo lo que hacemos. Nuestro enfoque se basa en anticipar los cambios y responder inmediatamente a ellos, tomando acciones para realizar el trabajo y ganar sobre la base de nuestras experiencias. Estimulamos, en todo momento, la creatividad y la innovación.

Responsabilidad personal

Cada individuo es responsable del logro de sus metas personales y debe dar el 100% de su esfuerzo para lograr las metas corporativas y de grupo. Al apoyar a las personas a ayudarse a sí mismas, aumentamos el potencial de éxito individual y compartido.

Asimismo, tenemos la responsabilidad de ser buenos ciudadanos en las comunidades donde vivimos y laboramos.

Libre empresa

Somos orgullosos defensores de la libertad y la libre empresa. El avance económico humano demuestra claramente que se alcanzan mejor las metas personales en una economía de libre mercado. Estos principios deben de ser parte integral de nuestra vida porque con ellos podemos vencer todos los obstáculos y sentirnos fortalecidos para emprender nuevos y mejores caminos.

—Muy bien, después de leer lo que son los fundamentos de la empresa, te pregunto ¿es eso lo que habías escuchado o hay alguna diferencia? Permíteme sólo sugerirte lo que la misma Biblia dice: *«Examinadlo todo, retened lo bueno»,* también lo que dice Jesús: *«O haced bueno el árbol y bueno su fruto o haced malo el árbol y malo su fruto; porque el árbol es conocido por su fruto». (Mateo 12.33)*

—Veo que tienes razón Eduardo, no se debe llevar uno por lo que oye. Es necesario examinar las fuentes, considerar la evidencia o fruto, pedir consejo a personas que sepan del asunto, no a las que sólo hayan oído algo y evaluar el fruto de las mismas personas a las que se pida consejo.

—Mira Mario, cuando alguien realmente quiere conocer la verdad sobre alguna cosa, hay la forma de hacerlo; a manera de ejemplo de lo que personas con conocimiento y experiencia opinan, considera el siguiente artículo de la revista *Success* de octubre de 1996. A continuación, me permito transcribirlo:

Richard Lesher dice que el Mercadeo a Nivel Múltiple no sólo libera a los individuos, sino que ayuda a liberar países enteros.

Como presidente de la Cámara de Comercio de los Estados Unidos en Washington, D.C. desde 1975, Lesher sabe de lo que habla. Lesher viaja por el mundo, promoviendo la libre empresa y él cree que el intercambio es la forma de socavar las tiranías restantes en el Globo. Él tiene un afecto particular al Mercadeo en Red, debido a la habilidad de éste de esparcir el comercio por todo el Globo «debajo del radar».

Él escribió el prólogo a la nueva saga de Amway Corporation Empire of Freedom (Imperio de Libertad) por James W. Robinson y fue entrevistado por la revista Success (Éxito) por el editor principal Duncan Maxwell Anderson.

¿Qué es lo que tiene el Mercadeo en Red que promueve la libertad?

El comercio internacional lleva la verdad consigo mismo. Con el turismo y las comunicaciones modernas, las personas detrás de la cortina de hierro empezaron a ver las clases de productos hechos en otros países. El gobierno comunista ya no les pudo mentir más acerca de cómo era la vida en el resto del mundo.

Las ventas directas están creciendo aún más rápido al otro lado del mar que aquí (EE.UU.). Allá no se tienen la clase y cantidad de tiendas que nosotros tenemos. En todos estos lugares en que no se pueden conseguir los lujos más sencillos como cosméticos y vitaminas, de repente te llenas de gozo cuando descubres que tu vecino los vende.

¿Cuándo supo de Amway por primera vez, como Compañía?

Cuando llegué a la Cámara en los 70s. En los primeros dos años que conocí a Jay Van Andel y Rich DeVos, sus ventas subieron de cuatrocientos millones de dólares a un billón en un abrir y cerrar de ojos. Ésta era una compañía que dos tipos comenzaron en un sótano; ahora está en más de 70 países.

¿Por qué es popular la venta directa en los países al otro lado del mar?

Es el ideal americano de trabajar para usted mismo y tener éxito. Usted está poniendo la libre empresa en las manos del hombre común. En «Imperio de Libertad», hay un comentario de un empleado asalariado japonés que renunció a su trabajo para dedicarse de lleno a su negocio de Amway. «Hay un sueño americano, pero realmente no hay tal cosa como un sueño japonés. Hay muy poca oportunidad para triunfar aquí, pero con Amway, veo a la gente triunfando todo el tiempo».

Pudiera crecer mucho más. Dentro de una década, se estima que va a haber un billón de personas en la clase media en Asia, con dinero para comprar cosas.

¿Querrá esa gente estar en negocios por ellos mismos?

Es universal. Aún bajo el comunismo, después de la caída del muro de Berlín, los alemanes del Este estaban yendo al Oeste a comprar productos Amway y regresando a venderlos al Este. El mercado negro los había preparado para vender de vecino a vecino.

Fue en China continental en 1980, cuando era muy difícil aún cambiar trabajo que conocí a un hombre que estaba tallando artefactos de coral, jade y marfil. Ese trabajo se lo habían asignado en la escuela 40 años atrás; él no tenía derecho a elegir en el

～
Igualando los resultados de las personas no es la forma de generar excelencia.
～

asunto. Hoy en día, hay más de quinientos mil (500.000) distribuidores allí. (En 2018, el total era 1,5 millones según un artículo del New York Times con fecha 8 enero 2018).

¿Hay algo que pueda detener el crecimiento global del mercadeo en red?

El mercado libre siempre ha estado bajo ataque; oponérsele siempre va a ganar votos en cualquier parte del mundo, es el miedo de que alguien más tome tu trabajo.

La libre empresa no es bien entendida en ninguna parte, incluyendo aquí (EE.UU.). Hollywood y la cultura de la TV parecen creer en la teoría económica del Tío Rico Mac Pato. Ese es el tío rico del Pato Donald, que tiene una inmensa bolsa de dinero en la cual le gusta nadar algunas veces. Ellos piensan que no hay límites a los recursos de negocios; «Deja que el negocio pague».

Lo peor que el gobierno hace es cobrar impuestos y regular la actividad económica hasta la muerte. Es una flor frágil.

Nosotros aclamamos a las personas que se distinguen como atletas en las olimpiadas, pero penalizamos los logros en el negocio. Igualando los resultados de las personas no es la forma de generar excelencia.

¿Cómo se ven las cosas para el futuro?

La libre empresa y la libertad se están esparciendo a cada esquina del globo. Cuando yo vine aquí, teníamos 35 cámaras al otro lado del mar para compañías americanas residentes; ahora hay 80. Yo creo que China acrecentará su libertad, debido a la influencia del intercambio.

En el hemisferio oeste, el único país latino que era democrático era Venezuela; ahora sólo Cuba es el único país que no lo es. (Lamentablemente, Venezuela hoy en día ya no es un bastión de la democracia como lo era en aquel tiempo).

Nosotros estamos doblando la esquina en este país. En cuanto a mí concierne, el último liberal que va a estar en la Casa Blanca está allí ahora. La gente estadounidense ha demostrado que quiere menos gobierno. Yo pienso que la gente en negocios independientes está a la derecha de

∽
Dios diseña para nuestro bien, las manosea para que nosotros identifiquemos su participación...
∾

eso. Es absolutamente mandatario que ellos enseñen, prediquen y vivan en la libre empresa, por medio del ejemplo.

Ellos saben cuán frágil es. No quieren gastar su tiempo en política, pero cuando lo hacen son más efectivos que cualquiera.

—¿Sabes Eduardo? ahora veo más claro el concepto que has mencionado sobre las artimañas del enemigo. Me refiero al hecho de que dices que él toma las cosas buenas que Dios diseña para nuestro bien, las manosea para que nosotros identifiquemos su participación y luego nos deja llegar a la errónea conclusión de que aquello es su obra. Me da pena reconocer que, a pesar de ser su mismo truco, sigue teniendo resultado; así hizo con la enseñanza sobre el sexo, por mucho tiempo no se hablaba de ese tema como la belleza, pureza y bendición que para el matrimonio representa y se dejaba que nuestros hijos aprendieran al respecto en las escuelas o en la calle.

Lo mismo pasó con la música y los instrumentos musicales; en lugar de reconocer que la Biblia menciona que se alabe a Dios con toda clase de instrumentos, debido al abuso que de algunos de ellos se había hecho, ya se tenían señalados como instrumentos inmundos, no dignos de usarse en alabanza a Dios. Cuan errado he estado y cuánto tiempo y oportunidad he desperdiciado. ¿Qué me aconsejas que haga?

—En primer lugar, no te condenes; aprende tu lección y de aquí en adelante, no te guíes sólo por lo que oyes, aunque te lo diga alguien que goce de renombre y confianza, aunque te lo diga yo. Recuerda que el apóstol Pablo advirtió a los Gálatas que, aunque él mismo o un ángel se les apareciera y les presentase un evangelio diferente, que no lo recibieran. Bueno, el evangelio dice que no debemos prestar oídos a chismes y murmuraciones vengan de quien vengan.

Todo aquel que hace una declaración de algo, sin haber indagado antes, aunque lo haya oído de alguien en quien confíe, cae en la categoría de chismoso o difamador. Por otro lado, así como el enemigo causa daño con sus mentiras, la verdad sigue librando a los que han caído presa del engaño.

—Las comparaciones que hiciste, más algunos testimonios de los fundadores realmente abren los ojos de quien desee conocer la verdad. ¿Tienes más testimonios de esa índole?

—Por supuesto, permíteme ilustrarte con más información valiosa y verosímil de lo que es la oportunidad Amway.

Capítulo 9

Un testimonio de fe y de vida

9

–Tal como te dije anteriormente, a mí nadie me convenció, sino que yo mismo indagué, leí revistas y documentos, escuché de personas que eran testigos oculares de los eventos y muchos de esos documentos son de conocimiento público. ¿Te gustaría leer algunos?

—Por supuesto —respondió Mario convencido— ante toda la mala información que se ha difundido, será necesario tener, por así decirlo, el antídoto que contrarreste los efectos de la mentira y la haga desaparecer.

—Muy bien, comencemos con algunas porciones de la revista oficial de los guardadores de la promesa (*The Official Magazine of Promise Keepers*) págs. 27–30, mayo de 1996.

Bajo el halo de la luz de las lámparas que iluminaban la sala, Richard DeVos mostraba una sonrisa y extendió su mano para tomar la del anestesiólogo y dijo en voz baja: He visto todo. He hecho de todo. Dios me guio a tantas cosas. Si no salgo de ésta, está bien. No tengo miedo a morir...

En esa sala de operaciones, ni los hondos bolsillos de DeVos, ni su amplia reputación como símbolo del sueño americano se comparan significativamente a la profesión de fe con la cual él empieza muchos de sus discursos motivacionales: «Soy Rich DeVos», él dirá con ojos brillantes, «un pecador salvado por gracia».

> *Un pecador salvado por gracia.*

Esas pocas palabras proveen una firme base sobre la cual DeVos ha fundamentado su vida personal y ha construido sus valores consolidados. Y hoy, después de una sorprendente y casi completa recuperación de su salud y energía, su confianza en la promesa bíblica se ha profundizado.

La esposa de DeVos, Helen, dice lo siguiente:

«Dios todavía tiene algo importante para que Rich haga en su vida», comenta: «Creo que por eso continúa vivo».

Rich DeVos, por largo tiempo involucrado en la vida de la iglesia, está dedicando sus últimos años en fortalecer sus causas evangélicas favoritas y en restaurar el espíritu de compasión en el sistema de libre empresa.

Su libro más reciente, publicado en 1993, justo después de su operación del corazón y titulado Capitalismo Solidario, es un tratado constituido sobre los 16 credos de inspiración que ha practicado a lo largo de su carrera.

El ex-Cirujano General de los Estados Unidos, C. Everett Koop dice que él considera a DeVos como uno de sus héroes: «El amor de Rich por la gente y su visión para ayudarla a ser lo mejor que ellos puedan ser me ha impresionado grandemente y también a mi forma de ser».

Un viejo amigo y confidente, Billy Zeoli de la Compañía Películas del Evangelio (Gospel Films), donde DeVos ha formado parte de la Junta Directiva por 30 años, tiene una perspectiva mucho más personal que dice:

«Muchas personas saben que Rich es uno de los mejores líderes de negocios de su generación».

«Muchas personas saben que él practica lo que predica y que respalda sus palabras con acciones verdaderas, poniendo su dinero y sus talentos donde está su corazón, pero pocas personas conocen el espíritu tierno y el corazón amoroso que posee. Él es uno de los más grandes motivadores de la historia, precisamente porque está motivado por el amor de Dios y un deseo de ser fiel a su Señor».

> ∾
>
> *Él es uno de los más grandes motivadores de la historia, precisamente porque está motivado por el amor de Dios...*
>
> ∾

En los últimos años, la fundación que administra las donaciones de la fortuna de DeVos se ha enfocado en la educación y en institutos de salud y organizaciones cristianas que han demostrado compromiso y un récord de evangelización.

«Hay muchas causas importantes que ayudar —dice— pero recientemente, le hemos dado más atención al campo de la evangelización, particularmente a los programas que realmente alcanzan a las personas que están perdidas».

En su libro «Capitalismo Solidario», Rich DeVos

narra varios testimonios de las vidas cambiadas y dice cosas tales como «la única razón valedera para ser rico es sólo para ayudar a otros».

En otra entrevista hecha a Rich DeVos por la revista *Success* en mayo de 1993, leemos:

¿Cuáles fueron sus peores tiempos con Amway?

Pasamos un periodo en el que la gente nos ridiculizaba. La pregunta típica era ¿Todavía siguen en negocios? Es hasta ahora que la prensa empieza a tomarnos en serio.

Crecimos consistentemente nuestros primeros 10 años. Luego, por los siguientes 4 o 5 años, nos tambaleamos nos fuimos para abajo. Teníamos distribuidores que estaban engañando a la gente cuando los reclutaban, sin decirles lo duro que tenían que trabajar.

Teníamos gente vistiéndose como si tuvieran mucho dinero y tratando de ganar dinero sin trabajar o participar del entrenamiento. Por lo tanto, tomamos acción disciplinaria para proteger el nombre de la Compañía.

—Además de estos testimonios —continuó Eduardo— están los de varios otros profesionales que no sólo hablan bien de Amway, sino que son parte de la empresa, tales como el ex presidente

Ford; el entrenador Tom Landry, del equipo Dallas Cowboys e incluso el famoso Doctor Hochner, del hospital Hochner Foundation, uno de los más famosos en los Estados Unidos y varios otros deportistas, profesionales, políticos y ministros del evangelio.

Entre los ministros se encuentra el Doctor Charles Stanley, uno de los más reconocidos en T.V. y cuando le preguntaron porque estaba en Amway, respondió que la mayoría de casos de consejería a los que tenía que atender, tenían como causa problemas financieros y que de esta forma ya no sólo oraba por la gente y le decía lo que la Biblia enseña al respecto, sino que de una vez les daba una fórmula para salir de sus problemas financieros.

También quiero leer parte del libro de Dennis Peacocke, *Haciendo negocios a la manera de Dios*, dónde él comenta:

Jay Van Andel y Rich DeVos, fundadores de Amway, tuvieron una visión de expandir su negocio al ayudar a otros a ser sus propios patrones, así como distribuidores. Mientras que Amway no es para todos, lo que Dios está haciendo actualmente a través de líderes como Dexter Yager es un fenómeno. A través del ejemplo y la instrucción, su organización está construyendo un ejército literalmente de dueños

—*distribuidores privados*— *enseñándoles habilidades gerenciales, mientras que literalmente, miles están recibiendo a Cristo. Su trabajo es un ejemplo profético del evangelismo económico, el cual ya ha sido considerado prototipo. Este mismo enfoque en el poseer su propio negocio y habilidades gerenciales personales es la fuerza detrás del éxito genuino de distribuidores que se han movido más allá de un simple interés material.*

Parte de tener gobierno propio en los negocios es tener un capital alto, sin deudas. ¿Por qué? Porque «el rico gobierna sobre el pobre y el que presta es esclavo del que le presta». (Proverbios 22.7) Cuando vienen los tiempos duros, las compañías que han financiado su crecimiento internamente, como Amway, la cual nunca ha utilizado la deuda son mucho más sanas que las compañías que están endeudadas hasta el copete.

—Eduardo —expresó Mario, emocionado de todo el caudal de conocimiento que su amigo le otorgaba— se me ocurre pensar que la mayoría de la gente no conoce de todos estos datos y testimonios que me estás compartiendo y que sería muy bueno si de alguna manera los pudieras dar a conocer. No creo que haya gente que dude de la integridad de la empresa y la calidad de su servicio, después de conocer estos datos.

—Tienes razón. Yo creo que la gente está dispuesta a cambiar y, de hecho, creo que la mayoría quisiera que las cosas malas que han oído no fueran verdad, pues dentro de su corazón, también desearían poder salir de su condición económica y aspirar a un mejor mañana. Sabes, podría repetirse lo que pasó con el conocido y respetado anfitrión del programa «60 Minutos», Mike Wallace, un reportero investigador. Él había manifestado por la T.V. que Amway era una pirámide y que se cuidaran de comprar sus productos.

∼
Casi todas las estructuras de negocios, de gobierno e incluso escuelas, funcionan como pirámide.
∽

—Me interesa saber que pasó, porque entre las cosas que he oído también mencionaron ese concepto de ser pirámide; aunque honestamente, ni siquiera entiendo la diferencia, pues por lo que puedo ver, casi todas las estructuras de negocios, de gobierno e incluso escuelas, funcionan como pirámide.

—Tienes razón, la forma de pirámide se aplica a la gran mayoría de estructuras de negocios y aún en la Iglesia. Ese no es el problema porque es necesario un orden para funcionar adecuadamente. Lo que hace la diferencia y sí es ilegal, es el hecho de que hay empresas, negocios o instituciones que ofrecen que se puede ganar dinero por el sólo hecho de reclutar a gente.

—La característica clave es que en esa clase de negocios no hay un producto que se esté mercadeando ni un consumidor final. Consecuentemente, no hay una forma legítima de ganar dinero, mientras que, en una red de mercadeo a nivel múltiple, no se gana por el sólo hecho de auspiciar a alguien, sino que como debe ser legítimamente, se gana de la venta de un producto y siempre hay un consumidor final que disfruta el servicio del producto.

—Suena bastante sencillo de entender, no lo había considerado antes, tan sólo me había convertido en lo que tú llamas «un repetidor», pero termina de contarme, ¿qué pasó con el señor Wallace y su declaración de que Amway era una pirámide ilegítima?

—Amway invitó al señor Wallace a que fuera a sus instalaciones, a sus oficinas y que le daban libre acceso a todo lo que quisiera para que pudiera corroborar sus sospechas y en una entrevista que le hiciera Larry King, anfitrión de un programa de radio, después de haber hecho una profunda investigación para sacar un reportaje sobre Amway en su propio programa, dijo entre otras cosas que cuando comenzó la investigación tenía... *«varios conceptos erróneos preconcebidos»* que más tarde descubrió que no eran verdad.

—De hecho, sus palabras fueron: *«Encontramos que sus productos son buenos y que no son una operación pirámide»* Continuó diciendo a King que había sido un *«gran gozo»* desmentir sus nociones acerca de Amway.

Incluso, al iniciar el programa Wallace dice: *«Esto va a sonar como un comercial para Amway»*... Y lo más interesante, es que cuando por fin terminó, hizo la siguiente declaración: *«Amway para mí, habla de lo mejor del sueño americano... lo mejor que tenemos»*.

—¡Que tremendo Eduardo! entre todos los testimonios que me has contado, éste tiene más impacto porque se refiere a alguien que abiertamente, públicamente, había declarado su oposición y desconfianza. Luego, después de indagar —que es lo que todos deberíamos de hacer antes de hablar— llegó a la conclusión de estar equivocado y tuvo el valor y la dignidad de reconocer públicamente su error. Eso es algo digno de admirar y no sé qué impacto cause en todos los que se enteren, pero te digo que para mí es el broche de oro con el que termina mi búsqueda.

—Me gustaría poder decir que así será con todos los que se enteren. Lamentablemente, llevo varios años tratando con gente para saber que hay muchas personas que, sin importar la evidencia, por su propio orgullo e insensatez, se siguen aferrando a su posición. Sin embargo, nuestra labor es presentar la evidencia y la oportunidad para los que sí quieran aprovecharla y alcanzar su libertad financiera.

Para mí es el broche de oro con el que termina mi búsqueda.

Los testimonios son innumerables. La razón de mencionarte estos es sólo para darte una muestra de que contra las murmuraciones infundadas de gente que se pone a hablar sin conocimiento, se encuentran testimonios fidedignos de testigos oculares y participantes directos de la bendición. Sin embargo, quizá uno de los testimonios más grandes sea el del Dr. Shad Helmstetter.

—Si tú lo dices así debe ser, pero la verdad es

que ni siquiera he oído hablar de él. ¿Por qué le atribuyes tanto valor?

Escucha esta historia para concluir este recorrido por una oportunidad única para quien desee libertad financiera y el pertenecer a una corporación, cuyo único interés ha sido, desde su fundación, el ayudar a sus socios, con base en los principios bíblicos de los que ya hemos hablado.

Capítulo 10

Lo mejor está por venir

10

—El Doctor Shad Helmstetter es especialista en psicología motivacional e investigador del comportamiento humano. es autor de nueve libros «bestsellers». Es respetado mundialmente como una autoridad en la rama de crecimiento personal. Sus libros son publicados en más de 64 países alrededor del mundo. El Dr. Helmstetter ha sido invitado en repetidas ocasiones a programas como el de Oprah Winfrey, ABC, NBC, CNN; además, ha sido el invitado especial en más de 1.200 entrevistas de radio y televisión en cada ciudad principal en los Estados Unidos. Sin embargo, por lo que me impresiona tanto es porque el Dr. Helmstetter pasó más de cinco años estudiando el negocio de Amway desde afuera, como un investigador independiente.

Él no es endosado, pagado o remunerado financieramente por la Corporación Amway o por alguno de sus afiliados, ni está asociado con ella. Además, hizo un estudio a las 23 organizaciones más grandes de multinivel y después de eso declaró que Amway era la número uno y que no había ninguna otra cercana para poder decir que era la segunda.

—¿Cómo puede ser eso? —respondió Mario sorprendido— por el sólo hecho de que haya más empresas, definitivamente tiene que haber alguna que ocupe el segundo lugar.

—Bueno, en el aspecto de orden numérico sí, pero al considerar los márgenes de ganancia y todos los otros elementos pertinentes, Amway está en una categoría aparte. Es como que hubiera varios equipos de balón pie (fútbol) pero sólo uno fuera de las ligas mayores y los demás de la liga infantil. es obvio que después del primero habría un segundo, pero como te podrás dar cuenta, realmente no hay comparación.

—Muy bien, tiene sentido. Veamos qué es lo que ese doctor dijo después de su estudio e investigación.

—En una reunión con una de las organizaciones de la red, él dijo: «*Conforme estudiaba la organización de ustedes, llegué a la conclusión de que no hay una causa más grande que usted pueda encontrar para usted y por el resto de su vida que el tener éxito en este negocio».* Luego aclaró que la razón era que para poder tener éxito en el negocio de Amway, se tiene que desarrollar y alcanzar éxito en aspectos espirituales, refiriéndose al desarrollo de la fe personal y la comunión con Dios, aspectos familiares, la relación de cónyuges e hijos; aspectos sociales, la relación interpersonal con socios y prospectos, etc. En otras palabras, para realmente desarrollar el negocio como es la visión de los fundadores, la persona tiene que aprender a vivir por los principios bíblicos y desarrollarse en un discípulo del Señor y un súbdito del Reino de Dios.

Se tiene que desarrollar y alcanzar éxito en aspectos espirituales...

—Ya veo, así si se puede entender por qué es que los que tratan de tener éxito sin desarrollar esas metas, tan sólo logran adquirir riquezas y después hasta las pierden por no actuar de acuerdo a la ley de Dios, pero por favor, sigue adelante ¿Qué más tiene que decir ese doctor?

—Bueno, como ya te habrás dado cuenta, la

mayoría de la información que te he presentado está documentada, está escrita en revistas y medios de acceso al público general. El Dr. Helmstetter no es ninguna excepción, lo que a continuación te voy a mostrar es una carta que él dirigió a los distribuidores de Amway, en la revista *U.S.A. Today*. Aquí la tienes:

«Después de una larga y cuidadosa evaluación de quién es usted, qué es lo que hace y por qué es exitoso, hay ciertas cosas que debe saber acerca de usted mismo como distribuidor de Amway. En primer lugar, usted tomó una buena decisión, es miembro de una de las organizaciones más finas, más positivas y de más valor en el mundo hoy en día.

> ∼
> ### Usted tiene las herramientas correctas, el plan correcto y la actitud correcta.
> ∼

Usted representa la libre empresa en su máxima expresión y el crecimiento personal en su mejor expresión. Está en el corazón de lo que es correcto acerca de América; reconoce los valores de la fe, el hogar y la familia, las buenas metas y trabajo honesto y usted hace de esos valores una parte esencial de su negocio y su vida.

Usted exalta a la gente, edifica la clase más saludable de auto estima en usted mismo y en otros. Usted se interesa en la gente, les da esperanza, un futuro y libertad. Debido a Amway y el trabajo importante que usted desarrolla en su negocio, está ayudando a más gente que la que jamás podrá saber. Usted no sólo está desarrollando un negocio, sino que está creando una vida mejor para usted, su familia y para el resto del mundo a su alrededor.

Usted y su organización están ayudando a traer de regreso a este país a su raíz de grandeza y está llevando ese mensaje de grandeza y libertad consigo, a donde quiera que vaya. Usted tiene el liderazgo y la dirección que vienen de los niveles más altos del carácter; su éxito está fundamentado en décadas de experiencia de gente de calidad, trabajando juntos, para hacer de su negocio, indiscutiblemente mejor. Usted tiene las herramientas correctas, el plan correcto y la actitud correcta.

Si es en la actualidad un distribuidor independiente de Amway, está en el lugar correcto, manténgase allí. Si todavía no se ha hecho parte de este excepcional grupo de gente, debería de hacerlo. Ya sea que esté apenas iniciando o que ya sea experimentado en el negocio, una cosa es clara: ¡lo mejor está aún por venir!

Hay mucha gente buena y correcta que se une a mí en darle las gracias y en reconocer el gran trabajo que está haciendo; nunca se olvide, probablemente no haya un servicio más grande que usted pueda desarrollar para mejorar la vida, la de su familia, la de su comunidad, la de su país y para la mejoría de la humanidad que el ser miembro positivo y activo de la organización Amway.

Usted debe estar muy orgulloso del equipo en el que se encuentra, la suya realmente es una victoria americana. Dios le bendiga y manténgase haciéndolo».

∼ Es bueno buscar consejo y otras opiniones... ∾

—Bien, ¿qué te parece? —interrogó Eduardo, después de dar lectura a tan importante testimonio.

—Está tremendo, ahora veo porqué continuamente nos recuerdas que sí es bueno investigar una oportunidad antes de introducirse en ella. Que es bueno buscar consejo y otras opiniones, sólo que es inconsistente buscar el consejo de personas que no saben del tema o cuyos testimonios no les califican para el tema específico. Es decir, no se le va a pedir consejo sobre un vehículo a alguien que sólo ha oído comerciales y opiniones acerca de carros, pero no sabe nada personalmente. Tampoco se le va a preguntar de como tener éxito financiero a quien apenas tiene para cubrir sus gastos. En otras palabras, nos sugieres que busquemos consejo, que examinemos todo, pero que pongamos atención de quien estamos buscando la información.

—Sí, a eso es a lo que me he estado refiriendo. En mis diferentes viajes, me he encontrado con gente bien intencionada —por cierto— pero equivocada que hace declaraciones públicas por radio y otros medios de comunicación, tratando de prevenir a la gente de que no caiga en un engaño; pero al igual que el señor Wallace, tienen opiniones fundadas en cosas que han oído de otros y que definitivamente están equivocados.

—Eduardo, me pregunto, puesto que los fundadores son la clase de personas honorables que mencionaste, puesto que los productos son de calidad comprobada y puesto que la evidencia de las muchas personas que han alcanzado libertad financiera es obvia, ¿por qué hay personas hablando mal de la empresa?

—Puede haber varias razones: la más común es la que tú ya señalaste y que yo llamo «ser tan sólo repetidores», la gran mayoría de los que tocan el tema ni siquiera saben de lo que están hablando.

Por el otro lado, están los que inician la difamación; ellos sí pueden tener sus razones para hacerlo. De hecho, recientemente apareció en la red de comunicación por computadoras un artículo de alguien bien conocido y respetado, aclarando su sentir ante los ataques hechos a Amway.

—¿Y qué dice? ¿Cómo ve esta persona que se corran tantos rumores acusando a los fundadores y a la empresa?

—Aquí lo tengo. Pon mucha atención —pidió Eduardo con cortesía a su amigo.

The National Liberty Journal.

Tres millones de personas Amway practican la libre empresa.

Por el Dr. Jerry Falwell

Fui motivado a escribir, personalmente, el siguiente artículo después de que vi en Internet algunas increíbles calumnias difamadoras y falsas de una gran empresa de negocios llamada Amway. Tiempo después supe que esos críticos son competidores o llevan mucho tiempo de ser «uvas agrias», en otras palabras, enemigos de Amway.

Recientemente, quedé asombrado por los

comentarios irresponsables de ciertas personas que están usando la internet para regar su veneno acerca de una compañía de ventas directas llamada Amway. Puesto que yo he estado involucrado personalmente con varias de esas hermosas personas de Amway por los últimos 25 años, fui impulsado a responder para refutar sus calumnias.

Las dos primeras acusaciones hechas por los críticos de Amway son: 1. Amway es una secta y 2. La gente de Amway son adoradores del dinero y predican un «Evangelio de Prosperidad». Ambas acusaciones son totalmente falsas.

Primero, Amway no podría ser una secta porque Amway no es una religión. Amway no tiene entre sus filas a líderes que impongan u ordenen ningún culto. Amway nunca ha hecho proselitismo para sacar a ninguna persona de ninguna fe o iglesia. Amway no daña a las familias ni «programa» a su gente. Amway es un experimento exitoso y emocionante en libre empresa. Amway da a personas que trabajan duro y honestamente para otras empresas, la oportunidad de trabajar para sí mismos y proveer bien para sus familias.

Segundo, Amway no promueve la avaricia ni guía a su gente al materialismo. Por el contrario, Amway promueve ética de trabajo y provee oportunidades para ganar más dinero y alcanzar sus metas personales. No hay un sólo verso de las Escrituras que prohíba esto. El dinero no es la raíz de todos los males, es el amor al dinero lo que Dios prohíbe. No hay nada de malo en tener cosas, siempre y cuando las cosas no lo tengan a usted.

Amway, cuyas oficinas están en Ada, Michigan, es una de las compañías de ventas directas más grandes del mundo, con más de tres millones de distribuidores independientes y 14.000 empleados. Dos hombres de negocios, cristianos comprometidos, Rich DeVos y Jay Van Andel, fundaron Amway en 1959. Las ventas globales del año pasado excedieron los 7 mil millones en 80 países (cifras de 2018 según sitio de Amway: $8,8 mil millones en 91 países), basados en más de 450 productos especiales de alta calidad (número de productos sin cambiar, según Amway), en ramas del cuidado personal, nutrición y bienestar, cuidado del hogar, tecnología hogareña, productos comerciales y una variedad de servicios.

La Iglesia Bautista Thomas Road en Lynchburg, Virginia, en la que he servido como pastor por 42 años, ha tenido en su membresía una gran cantidad de distribuidores de Amway. Ellos se encuentran entre nuestros mejores trabajadores, testigos y dadores. He conocido a la gente de Amway en cientos de iglesias por todo EE.UU. y sus pastores también hablan altamente de ellos. Ha sido mi privilegio, a través de los años, el hablar en varias de las reuniones de Amway. Es mi observación que Amway tiene más cristianos dedicados dentro de sus filas per cápita, que cualquier otra compañía internacional que yo conozca. También me ha impresionado que un número significativo de equipos compuestos de esposo y esposa están involucrados en Amway. Más aún, conforme he escuchado a los líderes dirigiéndose a sus distribuidores auspiciados, sus mensajes fácilmente se podrían pasar por la televisión nacional con un resultado muy positivo y poca o ninguna crítica de cualquiera que tenga una mente justa.

Jeff Yager, hijo del súper estrella de Amway, Dexter Yager, es miembro de la junta directiva de la Universidad Liberty. Dexter, Birdie y toda la familia Yager son cristianos ejemplares y fuertemente comprometidos a los principios bíblicos en sus familias y negocios.

El cofundador de Amway, Rich DeVos ha hablado al cuerpo docente en la Universidad Liberty y es admirado, en todo el mundo, por líderes cristianos que han tenido el privilegio de conocerle. El hijo de Rich, Dick DeVos, el actual presidente de la corporación Amway, está activamente involucrado, junto con toda su familia, en la iglesia Calvary en Grand Rapids, Michigan, donde mi ex socio, el Dr. Eddie Dobson, es el pastor. Mis amigos Bill y Peggy Britt han ayudado a cientos de miles de parejas a cambiar literalmente sus vidas. De igual manera, Jim y Nancy Dornam, cuyo hijo David, es un estudiante en la universidad Liberty, están impactando, positivamente, varias vidas alrededor del mundo. Hay miles como los Yagers, Britts y Dornams.

En mi humilde opinión, los críticos de Amway están mal informados, motivados por fondos de los enemigos y/o competencia de Amway o son personas que generalmente están criticando a otros que trabajan duro y triunfan en la vida. Dios bendiga a Amway por las buenas cosas que ellos hacen para las familias del mundo que están dispuestas a soñar y trabajar.

> ∼
> ¿Qué se puede hacer para evitar eso en el futuro?
> ∼

—Eduardo, una vez más, ratifico mi arrepentimiento de dejarme llevar por chismes y rumores. Uno puede ser parte hasta de una conspiración para robar a alguno de su buena reputación y de estorbarles en el bien que están haciendo; es decir, para usar las palabras de Gamaliel en la Biblia, uno se puede encontrar luchando contra algo que Dios no sólo bendice y aprueba, sino que ha puesto como modelo de lo que es su voluntad para las familias y las empresas.

—Estoy de acuerdo contigo. Sin embargo, no podemos pasar por alto que aunque un sistema, medio, vehículo o método de hacer los negocios sea bueno, siempre hay personas que lo usan egoístamente, pensando en cómo sacar provecho para sí mismas aun a expensas de otros; tristemente, las personas abusadas o engañadas no se dan cuenta que no fue el vehículo el malo, sino que el conductor y al expresar su malestar, señalan a la empresa, medio o método como el que es un fraude.

Amway no escapa de ese mal. Hay personas que no han respetado el reglamento de conducta y actúan contrario a los principios éticos y morales de la empresa, causando una mala impresión en la gente. De hecho, ha habido personas que han preferido salirse del negocio por la presión, abuso y desconsideración que han recibido de parte de sus auspiciadores.

—Quieres decir que, en algunos casos, sí es justificable su reacción y desagrado; que esas personas no están hablando sólo por lo que oyeron, sino que han experimentado en carne propia la frustración de oír algo y que lo que se viva no lo respalde. ¿Qué se puede hacer para evitar eso en el futuro?

—Nunca se podrá evitar completamente. Recuerda que, en una de las parábolas, el mismo Señor Jesús declara que el trigo y la cizaña crecerán juntas hasta el fin. Lo que sí se puede hacer es presentar la alternativa, mostrar con nuestro estilo de vida y actitud de conducir los negocios que hay otra forma de hacer las cosas; de esta manera, quienes estén experimentando lo opuesto, podrán cuestionar a las personas que los traten de forma diferente.

—Se me ocurre también que se puede animar a la personas que hayan sido invitadas a participar en la red, pero les estén imponiendo condiciones de **cuota de consumo** o de que **tienen que adquirir ciertas** herramientas para poder hacer el negocio, que consulten en cuanto a los requisitos de la empresa, directamente del representante de Amway en las oficinas de la empresa, no de un distribuidor de los productos.

—Sí eso podría ser una solución temporal porque la tendencia de la gente es hacer las cosas sin indagar primero cuales son las reglas del juego y los requisitos o condiciones del mismo; por ejemplo, en el paquete o «kit» inicial que se adquiere al ingresar al negocio, hay una copia de esas reglas de conducta y en ellas se explica claramente que nadie puede presionarle a adquirir producto, herramientas, cintas magnetofónicas (cintas de video), libros o alguna otra cosa como requisito para hacer el negocio; pero la gran mayoría no las leen. Si tan sólo esas personas pudieran tener en mente que se les invita a desarrollar su propio negocio, su propia empresa, sería obvio que la persona que les invita a la red no puede ser su jefe, ni su supervisor, ni tener ninguna autoridad sobre ellas. Si esa persona opera bajo las reglas de la empresa y de acuerdo al sistema, será su consejera, su apoyo, su ayuda en todo lo que sea posible para que ellas alcancen el éxito.

—No obstante, tal vez si la empresa pusiera reglas más claras y definidas, algo así como: «usted no tiene que comprar cintas magnetofónicas, ni libros, ni asistir a eventos pagados en hoteles, no tiene que llenar una cuota de puntos o de venta de productos, etc.». En otras palabras, definir claramente la forma en la que se sabe han sido presionadas, para que ya no se los puedan hacer.

—La cosa no es así de sencilla y podría ser mal interpretada, porque es claro que, para que puedan hacer crecer su negocio, se le enseñará la necesidad de que adquieran información y les sugerirán que lean libros, que escuchen cintas magnetofónicas, que vean videos acerca de los productos y testimonios de personas que han alcanzado el éxito, que asistan a reuniones en las cuales se les instruirá y se le inspirará, a talleres en los cuales se le mostrará cómo usar los productos, etc.

De hecho, no son esa clase de actividades y disciplinas las que constituyen el problema; con ellas pasa lo mismo que mencionaste anteriormente del sexo y los instrumentos musicales, también lo que mencioné de la empresa como vehículo; esas herramientas son buenas y necesarias, es el abuso que de ellas se ha hecho lo que constituye el problema. Podría decirse que la diferencia sólo estaría en la actitud y la motivación de cómo se presenten. Nada de eso puede ser impuesto, sino presentado como medios de apoyo para las personas.

—Entiendo lo que dices. Creo que después de todo, hay que aferrarse a uno ser honesto, consciente de que lo que se siembra se cosecha y que, en conclusión, el árbol se conoce por su fruto. A pesar del abuso de algunas personas, la empresa sigue prosperando y son más las evidencias reales y fidedignas que declaran su excelencia que los rumores infundados o causados por personas irresponsables que se han aprovechado del buen nombre de la empresa para buscar su propio provecho, en una forma contraria a la ética y la moral y que tratan de desprestigiarla. Cada uno puede y debe indagar por sí mismo, porque si quiere, puede ser uno de esos canales de bendición que sean portadores de buenas nuevas y al hacerlo así, eventualmente contribuir a sacar a la nación de la pobreza en la que se encuentra.

–Así es Mario, sólo te faltó concluir preguntando a cada uno: ¿Ves como sí es posible en nuestros días ser portadores de buenas nuevas a los pobres? ¿Puedes aceptar el reto de ser instrumento de cambio en tu nación? Ante el mal generalizado de gente que ama el dinero y usa a la gente para adquirirlo, ¿puedes ser una de las personas que acabe con ese mal, por medio de amar a las personas y usar el dinero para conducirlas a una mejor forma de vida?

—Quizá no se me ocurrió terminar así, pero me recuerdo que alguien dijo: «No se gana nada con maldecir la oscuridad, en lugar de eso enciende un fósforo». Aprovechando eso yo podría terminar diciendo: «No se gana nada con lamentar el abuso de los que usan mal los recursos financieros, en lugar de eso demuestra con tu trabajo honesto y tu prosperidad como ayudar a otros y ser así un portador de buenas nuevas a los pobres».

—Por mi parte —declaró Mario con

agradecimiento y estrechando la mano de su amigo—creo que encontré lo que venía buscando y para regresar a la película del «Violinista Sobre el Tejado», debo empezar a cantar y a soñar con todo lo que puedo ser y hacer, no si yo fuera rico, sino que en cuando lo sea, porque ya nada podrá detenerme de alcanzarlo. Gracias Eduardo.

*Debo empezar a cantar
y a soñar con todo lo
que puedo ser y hacer,
no si yo fuera rico, sino
que en cuanto lo sea.*

Acerca del autor

Carlos Eduardo Velásquez Pérez es reconocido como Maestro para el Cuerpo de Cristo.

Nació en Guatemala y desde muy joven se trasladó a Estados Unidos, donde experimentó el poder transformador de Jesucristo. Fue pastor en las Iglesias Bautistas del Sur y después de experimentar el bautismo en el Espíritu Santo fue reconocido pastor de las Asambleas de Dios. En su búsqueda por amoldarse a los conceptos bíblicos, forma una Iglesia independiente y después de más de tres años como ministro independiente, reconoció la restauración que Dios está haciendo en la Iglesia y eso le llevó a conocer y a unirse a Ministerios Verbo, dónde ministró desde 1980 a 1998. Actualmente, ejerce su ministerio como maestro en el Equipo Apostólico de Covenant Family Churches de St. Louis, MO.

Carlos es casado con Lilian Amparo González de Velásquez que también es guatemalteca y tienen tres hijos: Ondina Oddette (la mayor, casada con Dorval Ponce y tienen dos hijos: Elisabeth Maite y Jonathan André), Brandon Eduardo (casado con Wendy Mejía) y Joanna Nicole.